Ilona Timmermann

Schule des Seins

Das Basis-Wissen für eine bewusste Erziehung

Zum Inhalt

SCHULE DES SEINS ist eine Grundlage zur ganzheitlichen spirituellen Erziehung durch Bewusstseinsentwicklung. Es dient der Bewusst-Werdung über unsere wahre Identität und als Wegweiser zum authentischen Leben.

In diesem Buch macht die Autorin den Unterschied zwischen der materiellen, intellektuellen und spirituellen Weltanschauung sehr deutlich und zeigt, wie die entsprechende Erziehung der Kinder ihr Bewusstsein und ihren Lebensweg beeinflusst. Durch viele praktische, selbsterprobte Beispiele zeigt sie, was Eltern und Lehrer durch Aneignung des hohen Wissens für sich, ihre Familie und ihr Leben zurückgewinnen können.

Die Grundschritte dazu hat die Autorin im 3-Stufen-Trainingsprogramm zusammengefasst.

SCHULE DES SEINS ist ein Buch für alle, die ihren materiellen Lebenshorizont um ungeahnte geistige Möglichkeiten erweitern wollen!

Ilona Timmermann

Schule des Seins

Das Basis-Wissen für eine bewusste Erziehung

Schule des Seins
Ilona Timmermann

© Ilona Timmermann
1.Auflage: Dezember 2016

Covergestaltung: © Lektor-hoch-drei unter Verwendung einer Zeichnung der Autorin
Bildmaterial: © Ilona Timmermann
Korrektorat, Lektorat, Satz, Layout: Lektor-hoch-drei, Ludwigsburg
www.lektor-hoch-drei.de
Herstellung undVerlag: BoD - Books on Demand, Norderstedt

ISBN: 978-3-743137-17-2

Ilona Timmermann
c/o Papyrus Autoren-Club
R.O.M. Logicware GmbH
Pettenkoferstr. 16-18
10247 Berlin
www.ilona-timmermann.com

Alle Rechte vorbehalten

Das Werk, einschließlich seiner Teile, ist urheberrechtlich geschützt. Jede Verwertung ist ohne Zustimmung des Verlages und der Autorin unzulässig. Dies gilt insbesondere für die elektronische oder sonstige Vervielfältigung, Übersetzung, Verbreitung und öffentliche Zugänglichmachung.
Bibliografische Information der Deutschen Nationalbibliothek:
Die Deutsche Nationalbibliothek verzeichnet diese Publikation in der Deutschen Nationalbibliografie; detaillierte bibliografische Daten sind im Internet über http://dnb.dnb.de abrufbar.

Inhalt

Vorwort — S. 7

I. Der Weg — S. 9
  1. Die geistigen Grundsätze — S. 13
  2. Der göttliche Weg — S. 28
  3. Die drei Schritte zum SEINS-Bewusstsein — S. 40

II. Das Wissen — S. 49
  1. Unsere wahre Identität — S. 51
  2. Feinstoffliche und grobstoffliche Reinigung — S. 59
  3. Universelle Gesetze — S. 70
  4. Die geistigen Werte — S. 80
  5. Bewusstseinsebenen im Vergleich — S. 89

III. Die Praxis — S. 91
  1. Ruheübungen und Seelenbilder — S. 93
  2. Die inneren und äußeren Umfelder — S. 100
  3. Ego oder Liebe — S. 105
     3.1. Kind-Typ — S. 108
     3.2. Herrscher-Typ — S. 111
     3.3. Opfer-Typ — S. 117
  4. Die spirituelle Erziehungsformel — S. 122

IV. Die Vision — S. 133
  Die ungeahnten Möglichkeiten — S. 135

Anhang:

V. Fantasie-Reisen für Erwachsene   S. 141
Das Licht   S. 143
Der goldene Berg   S. 144

VI. Fantasie-Reisen für Kinder   S. 147
Der Samen   S. 149
Der Schmetterling   S. 151
Die Sonne   S. 153
Die Wolke   S. 155
Goldene Treppe   S. 157
Reise zu den Sternen   S. 158
Die innere Stärke   S. 161

VII. Das goldene Tor   S. 163

VIII. Wie kamen die Könige auf die Erde?   S. 189

Glossar   S. 193

Die Autorin   S. 197

Vorwort

pirituelle Erziehung ist keine Strategie oder Technik für einzelne Verhaltensweisen und kann nicht wie ein Rezept ausgestellt werden. Es ist eine Lebensphilosophie, ein Lebensinhalt, Transformation des Bewusstseins auf allen Ebenen, die eine tiefe SEELEN-BEZIEHUNG ermöglicht. Es ist die gemeinsame spirituelle Entwicklung für Erwachsene und Kinder. Das höchste Bewusstsein ist die Weisheit der Seele, ein Wissen, das automatisch die richtigen Lösungen fürs authentische Leben bereithält, weil es unser inwendiges göttliches Sein offenbart.

Im höchsten Bewusstsein lassen wir uns von unserer wahren Identität – der Seele – leiten und können die wahre Identität des anderen wahrnehmen.

Es ist ein Weg für die mutigen Seelen, die ihre eigene wahre Herkunft ergründen und die wahre Einheit mit den anderen erfahren möchten.

Nur in dem Maße, wie wir unser wahres Selbst leben, können wir unseren Kindern helfen, ihr wahres Selbst zu entwickeln.

SCHULE DES SEINS zeigt, dass die Herausforderungen einer Erziehungsaufgabe eine großartige Möglichkeit des spirituellen Erwachens sein können! Indem wir unser eigenes Bewusstsein transformieren, unsere seelische Weiterentwicklung durch hohes Wissen und göttliche Liebe voranbringen, können wir unsere Kinder zu ganzheitlichen, seelisch erwachten, authentischen Persönlichkeiten erziehen. So gesehen ist unsere »Unvollkommenheit« die beste Chance zur Veränderung und jeder Erziehungsauftrag das beste Übungsfeld. Durch Veränderung unseres Bewusstseins machen wir uns und unseren Kindern das größte Geschenk und den größten Schritt zum wahren Leben!

SCHULE DES SEINS ist ein Buch für alle, die Kinder haben, eine Familie gründen wollen oder mit Kindern arbeiten.

SCHULE DES SEINS liefert die Wissensgrundlage für eine authentische Persönlichkeitsentwicklung durch Bewusstseinstraining.
Die Bewusstseinstransformation ist ein sehr anstrengender, individueller Lernprozess. Jede Seelengeschichte hat ihre eigene Dynamik und stellt eine besondere geistige Herausforderung für Erwachsene und Kinder dar, die sie durch Anwendung dieses hohen Wissens gemeinsam meistern können. Deswegen finden Sie in diesem Buch keine Erziehungsrezepte und -techniken, sondern eine spirituelle Grundlage für eine bewusste Erziehung.

I. DER WEG

»Vater, vergib ihnen, denn sie wissen nicht, was sie tun.«

Lukas 23,34

Zur Einstimmung

*Lasse dich vom göttlichen Wasser treiben
wie ein kleines Boot.
Sobald dein Ego anspringt,
machst du den Motor an
und steuerst in die
andere (falsche) Richtung.
Sobald deine Angst sich meldet,
wirfst du den Anker aus
und bleibst stehen.
Genieße die schöne göttliche
Strömung und übe Vertrauen –
Tag für Tag!
Lasse dich führen
und freue dich auf das,
was du noch erleben wirst.
Statt sich zu sorgen
oder in Gedanken zu verharren,
schau um dich herum und lasse die Schönheit
der Natur auf dich wirken.
Sei eins mit ihr und lausche der Stimme Gottes.
Du kannst diese nur in Stille, in Ruhe und in Harmonie
richtig wahrnehmen.*

Ilona Timmermann, im Februar 2009

1. Die geistigen Grundsätze

ines Tages sah ich meine Kollegin mit ihrer sechsjährigen Tochter vor dem Rektorat sitzen. Beide kamen voller Freude und Erwartung zur Schulaufnahme. Die Mutter wohl wissend, dass sie als Grundschullehrerin ihre Tochter bestens auf diese Schulreifeprüfung vorbereitet hat und das Kind, dem neuen aufregenden Leben entgegenfiebernd.

Geistig betrachtet hat die Schule des Seins für das kleine Mädchen schon längst angefangen – eine Schulzeit auf dieser Erde, in der sie erneut die Möglichkeit bekommen hat, das wahre Wissen über das Sein zu verinnerlichen, sich seelisch weiterzuentwickeln und den anderen Seelen dabei zu helfen. Doch leider waren weder Mutter noch Tochter sich dessen BEWUSST!

Unsere duale Lebensreise begann schon lange vor unserer jetzigen Geburt, in dem Moment, als wir uns durch unsere Gedanken vom Göttlichen abgespalten und uns mit der Materie identifiziert haben. Das war die Geburtsstunde des Egos und die leidvolle Reduktion unseres Wesens auf das Sinnesbewusstsein. Seit diesem Moment leben wir in der Unwissenheit über unsere wahre inwendige Natur und unsere wahre geistige Bestimmung. Da wir uns aber vom SEIN, das hinter allen materiellen Formen liegt, NIEMALS ganz trennen könnten, da wir ein Teil davon sind, verspürt unsere Seele stets die Sehnsucht, mit dem Göttlichen wieder eins zu werden.

Es ist die tiefe Sehnsucht nach Liebe, Harmonie und Frieden, die in jedem von uns schlummert.

Bei jeder Geburt bekommen wir die Möglichkeit, die Materie und somit die Dualität zu überwinden und uns dadurch wieder ganz mit der Vollkommenheit, unserem wahren Ursprung, zu vereinen, unser göttliches Erbrecht anzutreten und alle Wünsche des Herzens zu erfüllen. Bei jeder Geburt begeben wir uns auf die Reise zu unserem wahren Selbst, zum Sein in uns.

Je mehr wir uns zu unserem göttlichen Selbst entwickeln, desto leichter können wir das Selbst in uns und in allen anderen Menschen wahrnehmen und lieben.

Der Mensch ist ein Teil der Natur, die durch jedes Atom, in der vollen materiellen Vielfalt der Formen, das SEIN offenbart. Doch das, was sich hinter den sichtbaren Formen verbirgt, gibt allem Leben. Das ist die Quelle des SEINS, aus der alles entstanden ist. Diese Quelle wird in den Veden als Brahman bezeichnet.

Wenn man die Natur nicht stört, entfaltet sie sich nach dem inwendigen Schöpfungsplan des SEINS, der auch für die menschliche Entwicklung vorgesehen ist.

Der Mensch hat jedoch den freien Willen bekommen, seinen Geist auf das inwendige SEIN auszurichten und dem Schöpfungsplan der Seele zu folgen oder sich für das Sinnesbewusstsein und das damit verbundene EGO, den Körper und die Materie als letzte Wahrheit, zu entscheiden und in der Unwissenheit über das Höchste zu leben. Das Leben im SEIN führt zur Befreiung durch Wissen, das Ausleben der Sinne hält den Menschen in einer materiellen Illusion gefangen, die in den Veden als Maya bezeichnet wird.

Der göttliche Weg ist wie ein Fluss, dem man sich mit dem Wissen um die Gesetze des SEINS voller Vertrauen hingeben kann. Durch Wahrnehmung der höheren Sinne wird die Seele dann geleitet und beschützt, um so ohne große Energie- und Zeitverluste zum göttlichen Ozean der Vollkommenheit zu gelangen.

Wenn die Seele mit dem Göttlichen ganz verschmilzt, erreicht sie die Stufe der höchsten Vereinigung, in den Veden als Samadhi bezeichnet, und erlangt die Macht, die Materie zu formen, zu transformieren oder aufzulösen.

»Wahrlich, wahrlich ich sage euch: Wer an mich glaubt, der wird die Werke auch tun, die ich tue, und wird größere als diese tun; denn ich gehe zum Vater.«

Johannes 14,12

Es ist ein Zustand der Erleuchtung, in dem viele indische Yogis, wie Swami Ramalinga, Yogananda, Sri Aurobindo, Swami Vivekananda usw., aber auch Buddha und Jesus Christus durch ständige Verbindung mit dem SEIN ihren Körper ganz aufgelöst oder transformiert haben. Diese spirituellen Meister zeugen von den wahren Möglichkeiten, die jedem von uns zustehen, sobald wir uns ernsthaft für das Göttliche entscheiden und dies auch zum Ziel unseres Lebens machen.

Bei jeder Geburt haben wir die Chance, uns von der materiellen Täuschung, der Maya und ihrem anhaftenden Leid, zu befreien und Herr über die Materie zu werden, aus der Vollkommenheit zu schöpfen und unsere wahre göttliche Persönlichkeit zu offenbaren.

Das geistige Wesen (was wir zu hundert Prozent sind!) hat die Fähigkeit, das Leben und den Körper zu gestalten und nicht vom Leben und dem Körper gestaltet zu werden. Das ist ein ganz wesentlicher Unterschied, denn laut universellen Gesetzen des SEINS, die in einem späteren Kapitel erläutert werden, folgt die Materie IMMER dem Geist.

Entwickeln wir uns zu einem authentischen geistigen Wesen, haben wir die Möglichkeit, immer mehr das authentische Leben im SEIN zu gestalten!

Sobald die Gesetze des SEINS, die die Natur ausmachen, durch eigene Gedanken, Wünsche und Handlungen ignoriert und verletzt werden und der Mensch sich nur mit der Materie, dem Körper identifiziert, lebt er sein Ego und nicht die wahre göttliche Persönlichkeit. Aufgrund der Unwissenheit neigen Menschen dazu, ihr Ego als ihr wahres Selbst zu verstehen. Sie meinen, dass ihr Charakter, ihre Vorlieben, ihre Wünsche und ihr Lebensstil der wahren göttlichen Essenz entsprechen. Doch in der Wahrheit leben sie nur ein materielles Bild von sich selbst, das aus vielen Denk- und Verhaltensmustern und negativen Eigenschaften ihres familiären und gesellschaftlichen Umfelds geformt wurden. Als Erwachsene projizieren wir unsere Wünsche und Vorstellungen auf die Kinder und nehmen ihnen UNBEWUSST jegliche Freiheit, ihr eigenes Schicksal auszuleben.

Unwissende Erwachsene wollen, dass Kinder:

- ihre Fantasien/Wünsche erfüllen
- ihre schlechten Erfahrungen vermeiden
- den Erwartungen entsprechen

So wird zum Beispiel oft ein in eine Arztfamilie hineingeborenes Kind schon automatisch ebenfalls als Arzt gesehen. Es ist eine gesellschaftliche Rolle, die ihm sofort zugeschrieben wird.

Oder es werden die unerfüllten Wünsche der Eltern, so wie es bei mir der Fall gewesen ist, auf das Kind projiziert. Und das in Bereichen wie Karriere, Partnerschaft, Gesundheit, Kleidung oder Hobbys bis hin zur gesamten Lebensgestaltung.

Meine Mutter wollte als Jugendliche eine Künstlerkarriere machen, zudem wünschte sie sich eine harmonische, glückliche Partnerschaft. So stellte sie sich ein glückliches Leben vor. Da erst das eine und dann das andere nicht in Erfüllung ging, versuchte sie mich unbewusst auf die künstlerische Laufbahn zu bringen, bestimmte kompromisslos meine Hobbys und mein Aussehen und nahm meine männlichen Freundschaften äußerst genau unter die Lupe. Auch mein Verhalten und meine Ausdrucksweise mussten stets ihren Vorstellungen von einer perfekten Tochter entsprechen. Ich hatte oft das unangenehme Gefühl, sie würde versuchen, ihr unerfülltes Leben durch mich zu erfüllen. Sie war in ihrer materiellen Vorstellung, einer Illusion gefangen, die sie innerlich nicht erfüllen konnte, da ihr die geistige Komponente des SEINS nicht bewusst war. Sie wollte, dass mein Leben gelingt, dass ich nicht leiden und Fehler machen muss. Sie identifizierte sich mit ihrer Mutterrolle und handelte nach bestem Wissen und Gewissen, ohne sich der seelischen Entwicklung von uns beiden bewusst zu sein.

Nachdem mir die geistigen Zusammenhänge des Lebens immer klarer werden, erkenne ich:

Wir sehen die Kinder als unsere Erfüllung, solange wir innerlich nicht selbst erfüllt sind!
Und wir identifizieren uns mit der Elternrolle, solange uns unsere wahre Identität nicht bewusst ist!

Obwohl meine Mutter ein sehr herzlicher Mensch war, meinte sie, mich auf diese strenge Art und Weise richtig zu erziehen. Sie war sich ihrer wahren Persönlichkeit und dem damit verbundenen wahren Glück und der wahren Erfüllung auch nicht bewusst. Sie hatte Angst, etwas falsch zu machen.

Im Laufe der Kindheit lernte ich, die Liebe und Anerkennung meiner Mutter nur dann zu bekommen, wenn ich ihren Vorstellungen entsprochen hatte. Dieses unbewusste Verhaltensmuster brachte mich in meinem späteren Leben in emotionale Abhängigkeit von meinem beruflichen und partnerschaftlichen Umfeld. Erst als ich dieses und einige andere unbewusste Muster erkannt und überwunden hatte, bin ich meiner authentischen Persönlichkeit nähergekommen. Diese wertvolle innere Veränderung hat einige grundlegende Veränderungen in meinem Leben mit sich gebracht. Ich konnte mein SEIN bewusster gestalten.

Wie sehr hätte ich mir gewünscht, dass wir diese »Erziehungs-Mängel« als Chance zur Veränderung genutzt hätten. Meine Mutter hatte leider, wie viele andere Eltern, unbewusst ein egoistisches Bild von mir, was sich aus vielen Denk- und Verhaltensmustern aus ihrer eigenen Kindheit und gesellschaftlichen Anforderungen gebildet hatte. Und zu diesem Bild hat sie mich erzogen. Es war eine materielle Identität, die sie in ihren Vorstellungen lebte und großziehen wollte. Meiner und ihrer göttlichen Identität war sie sich leider nicht bewusst, sonst hätte ihr und mein Leben einen ganz anderen Lauf genommen ...

Solange wir das Göttliche nicht erfassen können, versuchen wir, die anderen zu kontrollieren, oder wir werden von den anderen kontrolliert.

Als ich angefangen habe zu unterrichten, merkte ich gar nicht, dass ich auch hier meine egoistischen Vorstellungen durchsetzen wollte. Mit der Strenge, die ich selbst als Kind erfahren habe, forderte ich von den Schülern ganz bestimmte Handlungen oder Reaktionen ein. Gerade im Lehrerberuf ist die Gefahr sehr groß, alles unter Kontrolle haben zu wollen; die Schüler mit Taten, Worten und Blicken zu bestrafen und um jeden Preis recht zu behalten. Das Bedürfnis nach Kontrolle und Strafe, das so vielen egoistischen Disziplinarmaßnahmen zugrunde liegt, zerstört die Beziehung zu den Schülern. Und nicht nur die Beziehung zu den anderen, sondern auch die Beziehung zu uns selbst!

Je mehr ich mein Bewusstsein erhöhte, desto unnatürlicher schien mir die Notwendigkeit, andere kontrollieren und bestrafen zu müssen. Ich erkannte, dass die Lösungen für mehr Ordnung und Harmonie nicht vorgesetzt und eingefordert werden können, sondern mit den Kindern ausgearbeitet werden sollten. Ein Miteinander kann sich nur aus dem inneren Bedürfnis, aus der inneren Einheit entwickeln.

Die Aufgabe der Erwachsenen ist, nicht die Entwicklung der Kinder egoistisch zu bestimmen, sondern sie liebevoll zu begleiten.

Kinder, die zu Hause egoistisch erzogen werden, kennen leider nur Kontrolle und Strafe. Sie müssen erst einmal lernen, nicht aus Angst, sondern aus Liebe zu handeln. Es ist für alle Beteiligten ein langer und mühsamer Prozess.

Eine der größten Herausforderungen unseres Lebens ist, die göttliche Liebe im Alltag zu leben.

Wie wollen wir unseren Kindern helfen, wenn wir uns selbst nicht wahrnehmen, wenn wir selbst von unserer wahren Identität entfernt sind? Uns fehlt der innere spirituelle Kompass, das authentische SEINS-Bewusstsein!

Wir müssen uns dessen bewusst werden, dass unsere aktive geistige Präsenz die Kinder beeinflusst. Sie brauchen nicht unsere Ideen, Kontrolle, Dominanz und Erwartungen. Durch die aktive Entwicklung unserer wahren Persönlichkeit erziehen wir indirekt.

Die Dominanz der Erwachsenen schadet den beiden Parteien, da sie das Ego stärkt und beide voneinander entfernt.

Unser Ego ist unsere künstliche, selbsterschaffene Identität, die wir für die wahre halten. Unser Ego ist durch unsere materiellen Vorstellungen, Gedanken und Wünsche begrenzt. Unser wahres Wesen, die Seele, ist dagegen grenzenlos und ewig. Das ist unsere authentische Persönlichkeit: absolute Freiheit, Frieden und Liebe, ohne jegliche Anhaftung an Personen und Abhängigkeit von Personen, Situationen oder Gegenständen. Also ohne Anhaftung an die Materie. Unsere wahre Essenz offenbart das SEIN, das Reine, und ermöglicht uns eine authentische Beziehung zu allen Seelen auf der Seelen-Ebene.

Die Einheit basiert auf Liebe, unserer natürlichen Identität. Sie ist die göttliche Kraft der Seele, die Menschen miteinander verbindet.

In der Erziehung ermöglicht die Liebe die natürliche Akzeptanz des göttlichen Wesens des Kindes. Kinder sind nicht ein Teil ihrer leiblichen Eltern, sondern ein Teil des SEINS, das allen Menschen innewohnt! Deshalb ist das Ziel jeglicher spiritueller Tradition, das Ego zu überwinden.

Außer egoistischen Vorstellungen unseres familiären und gesellschaftlichen Umfelds, die unsere wahre Persönlichkeit verformen, und des SEINS, das unsere Seele nährt, gibt es noch eine wichtige Komponente unserer Existenz, die unser Leben entscheidend beeinflusst.

Das Wissen darüber, dass jegliche Gedanken, Worte, Wünsche und Handlungen aus den vergangenen Leben auf unserem »Seelenkonto« gespeichert wurden und letztendlich die Frequenz bildeten, die uns bei unserer jetzigen Geburt geformt hat, ist entscheidend, um unsere Lebensumstände zu verstehen.

»Es ist erstaunlich«, sagte mir eines Tages meine ältere Kollegin, »dass in den letzten Jahren immer mehr psychisch, körperlich oder gesundheitlich behinderte Kinder auf die Welt kommen. Die Anzahl der ›nicht instabilen Kinder‹ liegt manchmal nur bei zehn Prozent pro Schulklasse! Womit kann das wohl zu tun haben?«

Ich bin sicher, dass viele Eltern sich auch diese Frage stellen, sobald sie ein gehandicaptes, krankes oder geistig brüchiges Kind auf die Welt bringen.
    Ich wollte meine Kollegin mit dem spirituellen Begriff KARMA nicht überfordern. Doch diese zunehmend auffallenden Bewusstseinsstörungen bei Kindern sind Tatsachen, die mit wissenschaftlichen Erkenntnissen jeglicher Art nicht erklärt werden können.

Für die sichtbaren Auswirkungen gibt es IMMER eine unsichtbare Ursache. Materie folgt dem Geist. Es ist ein Naturgesetz von Ursache und Wirkung, das Erwachsenen und Kindern nicht bewusst ist.

Alles Materielle hat ihren Ursprung im Geistigen!

Das bedeutet, dass wir STÄNDIG im JETZT mit jedem Gedanken, mit jedem Wunsch, mit jeder Handlung unser Leben, unsere Zukunft manifestieren und dadurch selbst entscheiden können, ob wir unter den Auswirkungen unserer Taten leiden oder Freude erfahren werden. Ob wir den bewussten oder den egoistischen Weg einschlagen, die göttliche Wahrheit erkennen oder der materiellen Täuschung, der Maya, verfallen.

Jede egoistische Tat hat leidvolle karmische Auswirkungen, die uns einholen, auch wenn wir uns dessen nicht bewusst sind. Egoistische Taten verstärken unsere negative Frequenz.

Durch häufige Wiederholung werden solche negativen Frequenzen so stark, dass sie zu körperlichen und geistigen Verformungen und Behinderungen führen. Diese karmische Frequenz bleibt an der Seele haften und offenbart sich entsprechend in der nächsten Inkarnation.

Jede bewusste Tat wirkt sich auf unser Leben positiv aus. Sie bildet das gute Karma und verstärkt unsere SEINS-Frequenz. Je mehr bewusste Taten wir vollbringen, desto stärker wird unsere positive Frequenz. Sie ist unser geistiges Kapital, das sich durch Talente, Begabungen, gute Charaktereigenschaften und unerwartetes Glück auszahlt.

Auch in diesem Leben suchen wir nach dem richtigen Weg auf dieser Erde. Und seit unserer Geburt werden wir von verkörperten und nicht verkörperten Kräften begleitet – unserer Familie, unseren Bekannten, der Gesellschaft und den geistigen Wesen, die uns dabei unterstützen oder verhindern können, dass wir unsere Lebensaufgabe erfüllen.

Der Grund für unsere heutige Inkarnation ist unser Karma, die vergangenen Ursachen, die uns Leid oder Freude, Krankheit oder Gesundheit zuteilwerden lassen und unser Aussehen, unseren Charakter, unsere Umfelder und unseren Lebensweg bestimmen. Es ist eine Frequenz, die uns ausmacht und in der Welt auf positive oder negative Resonanz trifft.

Die Auswirkungen der karmischen Zusammenhänge können am besten bildhaft dargestellt werden.

Laut dem göttlichen Schöpfungsplan soll der Lebens-Samen unserer Existenz, unsere Seele, in einen Boden aus höchstem Bewusstsein gesetzt werden, um so durch wahres Wissen und göttliche Liebe zu einer kräftigen Pflanze heranzuwachsen, die sich vollständig entfaltet und viele Früchte trägt.

So bleiben die Seelen, die in einem spirituellen Familienumfeld in Liebe empfangen wurden, stets im SEIN verankert. Sie entfalten trotz vieler widriger Lebensumstände (geistig gesehen: trotz karmischer Ursachen) ihre authentische Persönlichkeit und tragen Früchte in Form von guten Taten oder großen geistigen Visionen. Es ist die natürliche Entfaltung unserer göttlichen Essenz. Jede bewusste Tat spendet Freude und Energie, die im Einklang mit der spirituellen Entwicklung der Seele stattfindet. Sie ist gleichzeitig ein Segen für die anderen Seelen. Die bewussten Taten entstehen aus der Einheit mit dem Göttlichen, unserem wahren Selbst, und aus Liebe und Dankbarkeit.

Das Leben von Jesus, Buddha, Yogananda oder Gandhi sind eindeutige Beispiele einer solchen Entwicklung. Diese Persönlichkeiten haben ihr störendes Karma durch Wissen und Liebe überwunden, da sie sich stets nur nach dem Höchsten, nach dem SEIN, orientiert haben und von der Allmacht genährt und geleitet wurden. Hier war nicht die materielle Länge, sondern die geistige Qualität des Lebens entscheidend, um die göttliche Aufgabe zu vollbringen und die seelische Entwicklung zu vollenden.

Wird die Seele dagegen in einem niederen Umfeld aus dem Sinnesbewusstsein empfangen, wächst sie auf dem karmischen Boden der negativen Eigenschaften, der Angst, des Hasses, der Verzweiflung, des Stolzes und des Mitleids. Da sie sich nicht von der höchsten Energie, sondern von den niederen Eigenschaften nährt, verformt sie sich zu einem egoistischen Wesen und kann ihre göttliche Pracht nicht entfalten. Diese Seele ist in der Unwissenheit gefangen.

Die negativen Eigenschaften befallen solche Seelen wie Parasiten und entziehen ihnen die göttliche Nahrung. Sie nagen an den Lebenswurzeln und bringen dem Menschen früher oder später den körperlichen Verfall. Auch die künstlichen Dünger in Form von Geld, Anerkennung und Sinnesfreuden können solche Seelen dauerhaft nicht retten. Der Mensch leidet, da das Ego seine Existenz zerstört.

Der göttliche Schöpfungsplan der Seele, der uns jederzeit zur Verfügung steht und uns die Richtung weist, kann seine Wirkung nicht entfalten, da der Nährboden verseucht ist. Der Mensch stirbt einen leidvollen Tod, den er durch seine egoistischen Handlungsweisen selbst eingeleitet hat.

In der nächsten Inkarnation, der nächsten Wiederverkörperung, erwacht der Samen des Lebens, die Seele, im gleichen Umfeld wieder und muss den karmischen Kampf mit den Parasiten, dem Ego, erneut aufnehmen. Die Frequenz der Krankheit, des Leidens und des Verfalls aus der letzten Inkarnation behindert die natürliche Entwicklung des Menschen, sie formt seine neue Existenz, die nicht mehr vollkommen, sondern gehandicapt ist.

Nur durch grobstoffliche und geistige Reinigung kann solch einer Seele geholfen werden, sich wieder nach dem göttlichen Schöpfungsplan auszurichten, zu gesunden und sich authentisch zu entwickeln.

Jeder von uns hat bestimmte gesundheitliche Schwächen, die oft als »vererbt« betitelt werden. Geistig gesehen vererben wir uns unsere Schwachstellen selbst, die von Leben zu Leben immer gravierender werden.

Das symbolische Bild vom Lebens-Baum macht auch die Wahl deutlich, die jedem menschlichen Wesen ständig zusteht:

Auf der einen Seite das Licht, das Wissen,
das **höchste Bewusstsein**,
das SEIN,
die wahre Identität.

Ein Leben voller Liebe, Harmonie, Frieden, Ruhe
und ewiger Beständigkeit ohne Zeit und Raum.

Auf der anderen Seite die Dunkelheit,
die Unwissenheit,
das Sinnes-Bewusstsein,
das Materielle.

Ein Leben voller egoistischer Identität,
Sinnesreize,
Unruhe, Dualität,
Abhängigkeit von der Zeit und dem Raum
und somit vergänglich.

Entscheiden wir uns für das SEIN, werden wir uns unserer wahren Identität BEWUSST. Wir verbinden uns immer mehr mit unserer Seele und leben nach dem göttlichen Schöpfungsplan. Wir erkennen die Parasiten, die an unseren Lebenswurzeln nagen und überwinden die karmischen Ursachen mit Wissen und Liebe. Diese seelische Weiterentwicklung wandelt unser Bewusstsein und somit unser Leben, das wir immer authentischer nach universellen Gesetzmäßigkeiten gestalten können.

Verharren wir in der egoistischen Lebenshaltung, werden unser Leben und unsere Persönlichkeit von materiellen Gesetzmäßigkeiten und Umfeldern gestaltet. Wir bleiben in der Begrenzung gefangen und verunstalten unsere Existenz. Unser karmisches Konto wird immer mehr rote Zahlen schreiben, da wir uns der geistigen Auswirkungen unserer Handlungen nicht bewusst sind.

Sobald der Leidensdruck und die Widrigkeit der Umstände unsere persönlichen Grenzen überschreiten, kann die karmische Dualität durch einen Willensakt überwunden werden. Der Wille erzeugt die Bereitschaft zur Veränderung unserer Denk- und Handlungsmuster und somit die Befreiung von der materiellen Täuschung. Das Leid kann uns auf der Suche nach dem Wissen über das Sein helfen und den Willen zum Erlangen des höchsten Bewusstseins geben. So gesehen bietet uns unser Karma eine Chance, den wahren Sinn unseres Lebens zu verstehen und das wahre Ziel jeder Seele, die Vollkommenheit, anzusteuern.

Das höchste Wissen, mit gutem Karma gepaart, kann uns als Himmelsleiter dienen. Denn als Kinder Gottes haben wir das Erbrecht auf das höchste Glück und auf die höchste Freude, auf den absoluten Frieden, die absolute Gesundheit und Vollkommenheit. Und das Ziel jeden Lebens ist es, durch Überwindung des belastenden Karmas das SEIN in sich zu finden, mit ihm eins zu werden und es zu offenbaren.

»Wer überwindet, dem will ich geben, mit mir auf einem Stuhl zu sitzen, wie ich überwunden habe und mich gesetzt mit meinem Vater auf seinen Stuhl.«

Offenbarung 3,21

2. Der göttliche Weg

eine Mutter war während ihrer Schwangerschaft sehr viel unterwegs. Sie machte noch ihre Abschlussprüfungen an der Uni, als ich in ihrem Bauch heranwuchs. Emotional war sie voller Hoffnung und Freude, sie hatte das Gefühl, sich jetzt richtig verwirklichen zu können und wahre Erfüllung zu finden. Es begann für sie in allen Bereichen ein neues Leben: Muttersein, Ehe, Umzug in die andere Stadt, neues Zuhause, erster Arbeitsplatz.

Alle Wünsche schienen sich für sie auf einmal zu erfüllen, sobald die Prüfungen bestanden waren. Nicht nur die Angst vor den akademischen Prüfungen, sondern vielmehr die Angst, diese Lebensprüfung nicht zu bestehen, waren latent vorhanden. Sie hatte eine große Erwartungshaltung an ihr neues Leben und sich mit ihrem Verstand die Messlatte ziemlich hochgelegt.

Meine Mutter war in Moskau, mein Vater in einer weit entfernten Stadt im Uralgebirge. Die räumliche Trennung führte zu innerer Zerrissenheit. Das Gefühl des Alleinseins, der Druck und die Verantwortung für ihr eigenes und auch für mein Leben kosteten viel Kraft.

Doch sie war so aktiv und voller Vorfreude auf ihre Zukunft, dass sie gar nicht merkte, unter welcher Anspannung und Stress sie eigentlich stand. Sie ahnen schon, dass ich kein geplantes Kind war. Ich frage mich bis heute, warum ich genau diesen Moment, diese Lebenssituation ausgesucht habe, um mich zu inkarnieren. Um Multitasking[1] zu beherrschen und stressresistent zu sein oder um ein Hoffnungsträger und ein Symbol für ein neues Leben zu werden?

---

[1] **Multitasking**: Die Fähigkeit eines Menschen, mehrere Tätigkeiten zur gleichen Zeit oder abwechselnd in kurzen Zeitabschnitten durchzuführen – so z. B. eine E-Mail zu verfassen und gleichzeitig einem Bericht zuzuhören.

Wie dem auch sei: Die Krönung kam bei der Geburt, als ich mich überraschend schnell aus dem Bauch meiner Mutter befreite und Richtung Kachelboden steuerte. Die resolute Krankenschwester, die einen so schnellen Geburtsablauf offensichtlich nicht kannte, beschäftigte sich in der Zwischenzeit anderweitig. Erst als meine Mutter aufschrie und vor Schock bewusstlos wurde, eilte die Krankenschwester herbei, um meinen Aufprall zu verhindern. So wurde ich gleich bei der Geburt »gerettet« und befand mich in einem kalten und unfreundlichen Umfeld, in dem man sich nur ausgeliefert und schutzlos fühlen kann. Es waren leider nicht Freude und Liebe, sondern Gefühle wie Angst, Unsicherheit und Allein-Sein, die ich als Erstes kennenlernte.

Die vielen materiellen, emotionalen und geistigen Umfelder, die mich während der Schwangerschaft indirekt beeinflusst hatten, formten mein Leben. Es waren Informationen, die meine Gedanken, Emotionen und Handlungen entsprechend geprägt haben. Nach und nach wurden mir diese Zusammenhänge bewusst und ich erkannte, dass ich oft in Stress-Situationen gerate, weil ich mir viel zumute und einige »Baustellen« gleichzeitig bedienen muss. Ich erkannte, dass ich oft von Versagens- und Existenzangst geleitet wurde und konnte Menschen und Situationen nicht loslassen, aus Angst zu verlieren.

Ich war ständig auf der Suche nach einem Ort, an dem ich mich wohl und geborgen fühlen kann. Ich war unbewusst auf der Suche nach meinem geistigen Zuhause, das ich auf meiner spirituellen Bewusstseinsreise auch gefunden habe.

Dieser Ort ist in mir. Hier wohnt meine wahre Identität, die ich immer mehr zu spüren und zu lieben begann. Es ist die geistige Kraft, die mich im SEIN mit anderen Seelen verbindet, sodass ich mich NIEMALS alleingelassen fühlen kann.

Das sind nur einige von vielen wertvollen Erkenntnissen, die ich gewinnen durfte, während ich meine Unwissenheit durch höchstes Wissen transformierte.

Wir befinden uns alle auf einer Bewusstseinsreise. Die Frage ist nur: Wo soll sie hingehen?

Sicherlich hätte ich meine leidvollen Erfahrungen vertiefen und meinen Schmerz vergrößern können, bis ich kein Licht mehr in meinem Leben gesehen hätte. Doch die widrigen Lebensumstände geben uns den nötigen Druck, um den inneren Wunsch nach Befreiung zu verspüren. Erst wenn die Seele sich in den tiefsten Abgründen befindet, wachsen ihr plötzlich Flügel. Sie weiß intuitiv, wo sie hinwill.

Das Bewusstseinsniveau des Kindes wird schon vor der Geburt entscheidend von der karmischen Frequenz seiner eigenen Seele und den empfangenden Seelen der Eltern sowie direkten Umfeldern wie Familie oder Gesellschaft beeinflusst.

Im Moment der Empfängnis entsteht eine Resonanz, die alle beteiligten Seelen zusammenführt. Das Gleiche zieht das Gleiche an. Es ist mit Sicherheit kein Zufall, unter welchen Umständen, in welcher Familie, in welchem Land und in welcher gesellschaftlichen Situation ein Kind empfangen, geboren und aufwachsen wird.

Die nach der Geburt bestehende, sichtbare enge körperliche Bindung basiert auf natürlichen materiellen Bedürfnissen wie Schutz, Vorsorge und Nahrung. Die seelische Bindung ist jedoch schon vor der Empfängnis unbewusst zustande gekommen und entsteht aus dem innerem Bedürfnis nach Liebe und Verwirklichung und dem Bedürfnis nach der Einheit im SEIN.

Die Freude an unserer göttlichen Fähigkeit, Materie zu erschaffen – in dem Fall, ein Kind zu zeugen –, wird bei den meisten Menschen nur vom Sinnesbewusstsein gesteuert. Es ist das limbische System[2] und nicht die höchste Intelligenz, die in diesem Moment die Steue-

---

[2] **Das limbische System** ist eine Funktionseinheit des Gehirns, die der Verarbeitung von Emotionen und der Entstehung von Triebverhalten dient.

rung unseres Gehirns übernimmt und den Nährboden für die kommende Seele bildet.

Die wahren geistigen Zusammenhänge, in dem Fall das Wissen über die seelische Evolution und die karmischen Gesetzmäßigkeiten, haben im Sinnesbewusstsein keine Relevanz.

Doch die materielle Auswirkung dieser Gesetze des SEINS haben die Eltern und Lehrer jeden Tag vor Augen.

Aus einem tierischen Impuls entsteht ein Tiermensch, der nur von seinen Trieben und Sinnen durch das Leben geleitet wird. Es stimmt eben, dass der Apfel nicht weit vom Stamm fällt. Wie schon im letzten Kapitel besprochen, wird ein von negativen Eigenschaften verseuchter Lebensbaum auch verseuchte Früchte tragen, die für die Gesellschaft ungenießbar sind.

Leider sind viele Eltern, die Schwierigkeiten mit der Erziehung haben, nicht an ihrer eigenen persönlichen Entwicklung interessiert. Sie suchen auch oft nicht nach den Ursachen des Verhaltens ihrer Kinder. Sie erwarten von den Lehrern Zauberei, die ihre Kinder in ausgeglichene und psychisch gesunde Wesen verwandelt. Doch Lehrer können für die Bewusstseinsentwicklung ihrer Schüler nicht verantwortlich gemacht werden. Kinder sind in erster Linie das Produkt ihrer karmischen und familiären Umfelder. Die Schule ist geistig gesehen eine karmische Station im Leben eines Menschen, die zu gewissen karmischen Überwindungen und Veränderungen des Bewusstseins beitragen sollte, doch nicht die vollständige Bewusstseinstransformation eines Kindes vollziehen kann.

Da die meisten heutigen Kinder aus der Unwissenheit über das SEIN entstanden sind und in dieser verharren, da sie keine andere Realität kennen, brauchen wir uns über die heutige Weltbevölkerung mit ihren Werten, Kriegen und Zielen nicht wundern.

Den Frieden, die Liebe und die Harmonie, die wir uns ALLE wünschen, können wir durch die weitere Reproduktion des Sinnesbewusstseins NIEMALS erreichen.

Die angehenden Eltern mit höherem Bewusstsein, die sich der geistigen Zusammenhänge bewusst sind, können jedoch schon vor der Zeugung mit der Seele des Kindes Kontakt aufnehmen, diese auch in Liebe empfangen und geistig bis zur Geburt begleiten.

So empfangen sie eine »reinere« Seele mit Hilfe der höchsten Intelligenz und schaffen für sie einen guten Nährboden für die spirituelle Entwicklung, sprich für ein geistig erfülltes, authentisches Leben. Das Wissen darüber, dass jede Seele, die empfangen wird, eine karmische Vorgeschichte durch die Eltern, durch die Gesellschaft und durch die bevorstehende Lebenssituation hat, befähigt solche Eltern, die entscheidenden Lebensumfelder – u. a. die feinstoffliche und grobstoffliche Nahrung des Kindes – bewusst zu gestalten und die Seele des Kindes auf ihrem Lebensweg mit höchstem Wissen spirituell zu begleiten.

Jede aus Liebe entstandene Seele wird von der höchsten Intelligenz durchs Leben geleitet und kann ihren Lebensauftrag gemäß dem göttlichen Schöpfungsplan erfüllen.

Alle Eltern wünschen ihren Kindern ein gelungenes Leben. Doch die entsprechende Definition des richtigen Lebensweges hängt vom Bewusstsein der Eltern ab. Die Spanne reicht von den Grundbedürfnissen wie Nahrung und Kleidung, einem sicheren sozialen Umfeld, Bildung und Kenntnis der religiösen Werte bis hin zur Selbstverwirklichung.

Das sind die drei Bewusstseinsstufen:

- die tierische,
- die intellektuelle und
- die spirituelle,

die sich bei der Erziehung eines Kindes offenbaren.

Bei der Erziehung im Sinnesbewusstsein werden nur materielle bzw. intellektuelle Werte anvisiert, die den Körper mit seinen Sinnen bzw. den Intellekt mit seinen Fähigkeiten ansprechen.

Das körperliche Wohlbefinden und die materielle Sicherheit stehen im Fokus solcher Erziehung.

Es wird unter Umständen ein großer Wert auf die körperliche Entwicklung (Fitness) oder auf intellektuelle Entwicklung (Bildung) gelegt.

Die Seele wird im besten Fall dem Glauben überlassen, denn das materielle Bewusstsein kann oder will das SEIN, das Unsichtbare, nicht erFASSEN.

Die materielle Intelligenz macht uns kurzsichtig; sie stammt aus unserem Ego und wird durch Angst, Hass, Neid, Mitleid und Stolz beeinflusst, und deshalb mindert sie unser göttliches Potenzial.

Die Persönlichkeit wird bei dieser Erziehung über Materie (Aussehen, Status usw.) definiert und die höchste Wahrnehmung durch Intellekt (logisches Denken) ersetzt. Das SEIN im Menschen, die Seele, wird demzufolge von den Sinnen und dem Intellekt überdeckt und verkümmert allmählich.

Für die Erziehung im höchsten Bewusstsein bedarf es jedoch des WISSENS über die geistigen Zusammenhänge des SEINS und des höheren Vorbilds, eines spirituellen Meisters, als Maßstab für die Selbstverwirklichung.

So können spirituell orientierte Eltern und Lehrer die ersten »Meister« im Leben eines Kindes werden, die seiner Seele helfen, sich zur wahren authentischen Persönlichkeit zu entwickeln und zu entfalten.

Das geistige Wissen, körperliche Fitness und entwickeltes Denkvermögen sind die besten Voraussetzungen für eine ganzheitlich entwickelte Persönlichkeit. Dieser Mensch hat die Fähigkeit, mit dem Kopf im Himmel, sprich im höchsten Bewusstsein, und mit den Füßen auf der Erde, nämlich im Alltag, authentisch zu wirken. Das Höchste im Leben zu verwirklichen. Aus dem SEIN zu schöpfen.

Die jeweilige Bewusstseinsausrichtung der Eltern formt das entsprechende Gedanken- und Handlungsgut in den Familien und die Verhaltensmuster beim Kind. Diese Umfelder prägen so meist unbewusst Charakter und Lebensweg. So entsteht das geistige Werkzeug, mit dem ein Mensch durchs Leben geht und seine Zukunft gestaltet. Es gleicht einer Frequenz, die in uns gespeichert und ständig ausgestrahlt wird, um entsprechende Resonanzen aus den Umfeldern zu erfahren.

Da ein im Sinnesbewusstsein erzogener Mensch sich durch die Materie definiert, wird er im Laufe des Lebens immer mehr in Abhängigkeit von ihr geraten und seine Persönlichkeit von ihr formen lassen.

Das höchste Bewusstsein gibt einer Seele die Fähigkeit, ihre wahre Identität zu erkennen und authentisch zu leben. Es ist ein Weg aus der Begrenzung hin zum inneren Glück! Dem Glück, das SEIN zu offenbaren und die Umfelder dementsprechend selbst zu formen.

Die ersten drei bis sechs Lebensjahre entscheiden darüber, ob ein Kind sich im Laufe des Lebens durch den Druck der materiellen Umfelder und ihres schlechten Karmas formen lässt, um gesellschaftlichen »Vorstellungen« zu entsprechen, seine wahre Identität darüber vergisst und seelisch verkümmert oder seine Seele durch das hohe spirituelle Wissen in seinen familiären Umfeldern so gefestigt wird, dass das Kind sich zur starken, authentischen geistigen Persönlichkeit entwickeln kann, um selbst der Regisseur des Lebens zu sein und seinen Lebensweg nach dem göttlichen Plan zu gestalten.

Es sind die vielen unbewussten »Programme«, die in den ersten Lebensjahren im Gehirn des Kindes gespeichert und im späteren Leben durchgeführt werden.

Folgende Grafik soll diese Zusammenhänge veranschaulichen:

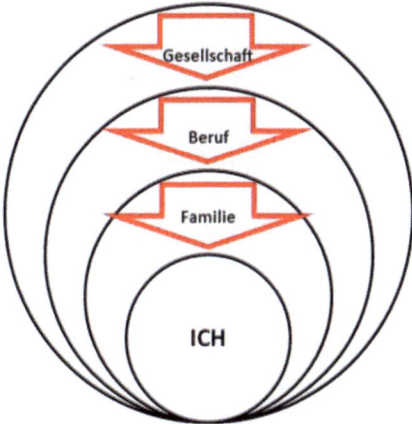

Mit der Zeit wird der Druck der Umfelder immer größer => Die Umfelder bestimmen die Persönlichkeit!

Die Persönlichkeit bestimmt die Umfelder => Man wird zum Regisseur des eigenen Lebens.

Es ist entscheidend, die Verbindung zur geistigen Welt, in der Kinder in diesem Alter noch sehr stark leben, zu erkennen, zu stärken und zu entwickeln, indem die höheren Sinne der Wahrnehmung und Intuition bewusst geschult werden, sodass die sichtbaren und unsichtbaren Frequenzen und Informationen der Außenwelt vom höheren Bewusstsein des Kindes richtig erfasst werden können. Die Entwicklung der bekannten fünf körperlichen Sinne ist wichtig, um die materielle Welt zu erfassen und sich körperlich zurechtzufinden. Die Schulung der höheren Sinne ist jedoch für ein erfülltes, authentisches INNEN-Leben entscheidend.

Die bewusste Erziehung ist keine Aufgabe des Intellekts oder der üblichen fünf Sinne. Es geht in erster Linie darum, eine Seele zu begleiten und eine authentische Persönlichkeit großzuziehen und nicht darum, nur ein intelligentes und gepflegtes Kind zu haben.

Der göttliche Lebensplan und die authentische Lebensweise können NUR mit höheren Sinnen erfasst werden.

Die Seele bestimmt für sich einen Weg, den sie in diesem Leben, in diesem Körper zurücklegen möchte.

Nach vedischem Wissen ist die Seele der Fahrer, der Körper das Fahrzeug, der Geist die Navigation. Wenn der Geist von der höchsten Intelligenz, der Seele, geleitet wird, kann er die göttlichen Ziele ansteuern. Sobald der Geist vom limbischen System, unserem tierischen Reptiliengehirn und den Sinnen des Körpers übernommen wird, irrt das Fahrzeug ziellos durchs Leben und die Seele ist in Gefahr.

Die einseitige Anwendung der körperlichen Sinne und die Unwissenheit über die weiteren Arten der Sinne führt zur Identifikation mit der grobstofflichen (materiellen) Schöpfung und leitet die Seelen auf einen Holzweg der Abhängigkeit und des Egos – auf einen leidvollen Weg des Sinnesbewusstseins.

Wenn die höheren Sinne ab der Geburt trainiert werden, ist sich die Seele ihrer wahren göttlichen Identität bewusst und handelt nicht nach materiellen Gesetzen, sondern nach den Gesetzmäßigkeiten des SEINS, die ihrer wahren GEISTIGEN Natur entsprechen. Dadurch bleibt sie frei, hat jederzeit die Möglichkeit, die Umstände geistig zu erfassen, zu erkennen und Lösungen zu finden, ohne dem Sinnesbewusstsein zu verfallen. Sie gerät nicht in Anhängigkeit von Sinnesgegenständen, in die materielle Begrenzung und in das Leid. In dem Fall formen sich mit zunehmendem Alter Informationen, Handlungen und letzten Endes die Welt- oder Lebensanschauung des jungen Menschen stets durch intuitive Wahrnehmung und entstammen dadurch der geistigen Quelle.

Ein im Sinnesbewusstsein lebender Mensch bewegt sich mit seinen Gedanken, Handlungen, Wünschen und Gefühlen nur in der materiellen Ebene, unterliegt ihren Gesetzen und begrenzt sich dadurch nur auf den materiellen Erfolg oder Misserfolg – sei es beruflich oder privat. Davon sind sein Glück, seine Freude und seine Erfüllung abhängig.

Die Unwissenheit ist das Ergebnis des Sinnesbewusstseins. Hier versuchen wir, die Sehnsucht unserer Seele nach der Einheit des SEINS durch Materielles zu befriedigen, durch das, was wir mit unseren fünf Sinnen und dem Verstand erfassen können, und identifizieren uns dadurch automatisch nicht mehr mit der Seele, sondern mit dem Körper.

So ersetzen wir die Einheit des SEINS durch die Familie, das höchste Wissen durch materielle Bildung, die geistige Fülle durch finanziellen Wohlstand, die Selbstverwirklichung durch Karriere und die Freude durch Sinnesbefriedigung. Diesen Ersatz machen wir zum Schlüssel unseres Glücks und wollen unser Leben nach dem eigenen egoistischen Plan, unseren ganz bestimmten Vorstellungen, gestalten. So wie es uns unsere Familie oder Gesellschaft vorgelebt, aber nicht unsere Seele vorgegeben hat!

Abitur muss drin sein, dann Studium und ein anständiger Beruf. Dann wird geheiratet, Haus gebaut, Familie gegründet und die Rente gesichert. Dieses Lebensmuster scheint seit vielen Generationen ein unerschütterlicher Garant des gelungenen materiellen Lebens zu sein. Klassisch, praktisch, gut! Geistig gesehen wertlos ...

Wir nutzen die kosmische Energie, die uns ständig zufließt, um unsere materiellen Wünsche zu erfüllen und unser materielles »Glück« zu halten. Wir haben Angst, es zu verlieren, und leiden, wenn wir es nicht mehr haben. So gelangen wir immer mehr in die Abhängigkeit von Personen, Situationen und Gegenständen, begrenzen uns unbewusst auf die Materie und bewegen uns mit jedem Gedanken, mit jedem Wort, mit jeder Tat noch mehr aus der Einheit des SEINS in die karmische Dualität hinein und stärken unser EGO.

Das höhere Bewusstsein ermöglicht dagegen den allumfassenden Blick, besser gesagt die Wahrnehmung, aus der geistigen Ebene.

Die Kenntnis über die Gesetze des SEINS und ihre Wirkung bestärkt unsere wahre geistige Natur und führt uns zu Entfaltung unseres wahren Selbst, der Selbstverwirklichung. Auf dieser Ebene ist es möglich, die karmischen Zusammenhänge zu erkennen, diese zu überwinden und dadurch die Macht über die Materie zu bekommen. Es ist möglich, das Leben im göttlichen Fluss zu gestalten und aus der geistigen Fülle zu leben, das wahre, dauerhafte Glück, die vollkommene Freude, Freiheit und Erfüllung zu erreichen und somit zum Ziel des spirituellen Lebens zu kommen.

Hohes Bewusstsein oder das Sinnesbewusstsein sind die zwei Pole, die zwei Möglichkeiten, die jedem Menschen im Leben freigestellt sind.

Der eine führt die Seele in die Freiheit und den Frieden, der andere in die Abhängigkeit durch die Befriedigung der Sinne.

Je weiter wir uns vom Zuhause, vom SEIN, von unserem wahren Selbst, entfernen, desto länger ist der Weg zurück.

Werden die Kinder noch vor der Zeugung von ihren Eltern im höchsten Bewusstsein begleitet und nach der Geburt nach den Gesetzen des SEINS und des höchsten Wissens erzogen, gestalten sie ihr Leben nach dem geistigen Plan und entfalten ihre inwendigen Kräfte und Talente, so wie es für die wahren Kinder Gottes gedacht ist.

Sie sind sich ihres Ursprungs bewusst und leben im seelischen Frieden und Glück, immer in der Einheit mit der Allmacht, von der sie ständig genährt und geführt werden. So lösen sie ihre karmischen Fesseln mit Liebe und Wissen auf. Sie erfüllen ihre Lebensaufgabe in ständiger Verbindung mit ihrem höchsten Selbst, indem sie das SEIN leben.

Auf diesem Weg aus der Begrenzung zum Glück können sie vielen Seelen, die ihren wahren Weg verloren haben, als Vorbild, Begleitung oder als spirituelle Meister zur Seite stehen.

Die Pflanzen in der reinen Natur entwickeln sich auch nach dem göttlichen Bauplan aus einem Samen und werden von der höchsten Energie genährt. Sie wachsen zu einer kräftigen Pflanze heran und erfüllen ihre »Lebensaufgabe« zum Wohle der anderen.

Dieser göttliche Samen in uns ist unsere Seele und sie bedarf auch des reinen Nährbodens in Form des höchsten Bewusstseins, um sich nach dem göttlichen Plan zu entfalten und geistige Früchte zu tragen.

3. Die drei Schritte zum SEINS-Bewusstsein

Ich meine, es meiner Russisch-Lehrerin zu verdanken, dass ich nach dem Abitur Journalistik studiert habe. Sie war die einzige Lehrerpersönlichkeit in meiner ganzen Schulzeit, die eine wahre Begeisterung für ihr Fach weitergab. Ich habe schon immer sehr viel gelesen, doch sie hat es geschafft, mein Interesse zu einer Leidenschaft zu entfachen. Obwohl ich ihren Geschmack nicht immer teilen konnte, habe ich ihr zuliebe einige moderne Autoren kennengelernt und so auch meine Vorlieben und letzten Endes meinen Stil gefunden. Sie war ein intellektuelles Vorbild, dem ich unbedingt folgen wollte. Ich meinte, so zur Quelle der Weisheit zu gelangen.

Doch die Hoffnung, dass meine Schulzeit mich zum Erwachsenenleben befähigt hätte, wurde nicht erfüllt. Im Grunde genommen war ich nach der Schulzeit genauso unwissend wie zuvor. Mein Intellekt wurde etwas bereichert, meine Seele jedoch nicht. Ich suchte immer noch nach DEM WISSEN, das mich innerlich erfüllen konnte. Damals dachte ich, es wären die Lebenserfahrungen, die mir noch fehlten, und dass ich spätestens nach meinem Uni-Abschluss das große Wissen in mir tragen würde. Die ersten großen Erfahrungen des Erwachsenseins, die Heirat, das Examen und das Berufsleben, die Scheidung, der Umzug nach Deutschland und die zweite Heirat waren sicherlich wichtige Stationen meiner materiellen Biografie, doch meine geistige Laufbahn begann in dem Moment, als ich meine spirituelle Meisterin Isolde kennenlernen durfte. Eine Frau, die im SEIN weilte. Es war eine Begegnung, die mich vollkommen magnetisierte und meine Seele tief berührte. Hier fand ich das Wissen, das mein Leben entscheidend veränderte und meine wahre Identität zum Vorschein brachte. Die Begegnung zeigte mir einen geistigen Weg auf, den ich zum Glück gemeinsam mit meinem Mann gehen durfte.

Die Fragen wie, wo und was ein Kind lernen soll, stellen sich unzählige Eltern und Pädagogen seit Jahrhunderten. Doch meistens geht es dabei um das materielle Wissen. Um das, was wir mit dem Körper erfahren oder mit dem Verstand erfassen können. Die ganze moderne Wissenschaft und Pädagogik fokussieren sich tagtäglich auf die Vielfalt der körperlichen und mentalen Aktivitäten und Methoden, aber leider nur mit dem Ziel, die materiellen Inhalte noch besser zu vermitteln.

Unsere fünf Sinne und der Verstand werden ab der Geburt intensiv trainiert und im Laufe der Zeit immer mehr mit logischen Abläufen und materiellen Fakten konfrontiert, sodass Kinder keine Möglichkeit bekommen, die höheren Sinne der Wahrnehmung, Intuition oder Telepathie zu entwickeln und die Verbindung zu ihrer wahren Identität, ihrer Seele, herzustellen.

Das Unsichtbare wird aus Unwissenheit ignoriert und oft verspottet, da es eben »unlogisch« und nicht messbar ist. Doch unsere Seele ist DER EINZIGE wahre Grund und die Quelle unserer Existenz. Das Wissen darüber soll als Allererstes gelehrt werden.

Das SEIN und die kosmischen Gesetzmäßigkeiten sind das Faszinierendste und das Wertvollste, was es zu erforschen gilt. Wir sind ein Teil davon. Hier liegt das Wissen über das Glück, die Freude, die Liebe und das Leben selbst verborgen!

Nicht in der Außenwelt, die wir so penibel untersuchen, sondern in unserem Inneren, hinter der sichtbaren Materie – in jedem Atom, in jeder Zelle.

Es ist die unsichtbare feinstoffliche Energie des SEINS, die uns STÄNDIG durchdringt und belebt.

Das höchste Wissen ist eine kosmische Bibliothek, in der wir uns informieren können, um im geistigen Sinne das Leben mit seinen weltlichen und seelischen Aufgaben bewältigen zu können.

Durch das höhere Bewusstsein können wir lernen, diese Bibliothek zu nutzen, die unendlich viele wertvolle, innovative Informationen für uns bereithält. Und wir sind hier auf der Erde, um diese seelische Lebensschule erfolgreich zu absolvieren und unsere GEISTIGE MEISTERSCHAFT zu erlangen. Ein Abschluss, der alle weltlichen Titel völlig unbedeutend macht.

Das höhere Wissen kann NUR mit höheren Sinnen erfasst werden.

Solange diese nicht entwickelt sind, besitzen wir kein höheres Bewusstsein und die Tür zur geistigen Welt bleibt uns verschlossen.

Ein Umstand, den sehr viele Glaubensrichtungen für sich nutzen, um die unwissenden Menschen von sich abhängig zu machen! Doch das hohe Wissen ist ein GEBURTSRECHT jeder Seele und kann somit von jedem Menschen erreicht werden!

Und was an der Stelle besonders wichtig zu erwähnen ist: Jeder ist für sein Schicksal, sprich für seine seelische Entwicklung, SELBST verantwortlich und muss sie selbst vorantreiben.

Es kann uns NIEMAND unsere karmischen Ursachen abnehmen oder vergeben!

Mit zunehmendem Alter wird es immer schwieriger, die bestehenden negativen Muster, Eigenschaften, Gedanken und Gefühle aus dem Sinnesbewusstsein zu verändern. Die Seele muss in dem Fall ständig an das SEIN »erinnert« werden, um neues Bewusstsein zu erlangen und die alten »Programme« des Sinnesbewusstseins auszulöschen. Doch mit viel Willenskraft und Disziplin können wir es in jedem Alter schaffen, unsere alten Ursachen durch weise Erkenntnisse und liebevolle Handlungen zu transformieren.

Wenn wir schon ab der Geburt anfangen, die höheren Sinne zu trainieren und das hohe Wissen zu schulen, kann die Seele zum höheren Bewusstsein gelangen und ihr Leben entsprechend der geistigen Informationen aus der kosmischen Bibliothek, gemäß dem göttlichen Schöpfungsplan, gestalten.

In der Praxis heißt das, erst intuitives Wahrnehmen zu üben, um daraus Gedanken und Handlungen abzuleiten. Wahrnehmung ist ein Prozess der Umwandlung geistiger Informationen. Die höchste Intelligenz ist unendlich, sie umfasst alle feinstofflichen Informationen des Universums.

Die materielle Intelligenz dagegen umfasst nur die grobstofflichen Informationen, die wir mit unserem begrenzten Sinnesbewusstsein und dem Verstand aufnehmen können. Auch der intelligenteste Mensch der Welt kann der höchsten Intelligenz keine Konkurrenz machen, da er nur einen sehr kleinen Bruchteil der im Universum vorhandenen Informationen erfassen kann – leider auch nur seinem Sinnesbewusstsein entsprechend.

Durch logisches Denken können keine hohen Informationen wahrgenommen werden.

Künstlerische Tätigkeiten jeglicher Art können Kindern helfen, nicht nur ihre Fantasiekräfte, sondern auch ihre Wahrnehmung zu schulen, nach Informationen zu suchen, die intellektuell nicht vorhanden sind.

So werden die bis jetzt nicht aktivierten Bereiche des menschlichen Gehirns für höhere Inhalte benutzt. Und zwar für die unzähligen universellen Informationen, die wir geistig durch höhere Sinne erfassen können. Die Voraussetzung dafür bringt unsere Seele schon mit sich. Die vedischen Schriften betrachten einen Menschen zu hundert Prozent als ein geistiges Wesen.

Schon Albert Einstein sagte, dass das menschliche Gehirn zurzeit nur zu zehn Prozent genutzt wird. Dies verdeutlicht die Begrenzung des Sinnesbewusstseins. Die einseitige Schulung der Sinne und des Intellekts bildet nach den heutigen Lehrplänen eine geistig eingeschränkte Persönlichkeit aus.

Unsere wahren Fähigkeiten und Kapazitäten liegen im »unsichtbaren« SEIN. Und das ist auch das Wesentliche, nach dem wir unwissend im Materiellen suchen.

Die üblichen fünf Sinne sowie der Intellekt (diskursives, logisches Denken) und ihre Entwicklung sind wichtig, um die materielle Welt zu beGREIFEN und zu verstehen; die höheren Sinne ermöglichen uns, die innere, geistige Welt zu offenbaren und zu Selbstverwirklichung zu gelangen. Das Erste bewirkt die Evolution (Entwicklung in der Materie), das Zweite die Involution (Entwicklung der Seele).

Da wir in den höheren Sinnen von Geburt an nicht unterrichtet werden, bilden wir nur die üblichen Sinne wie Hören, Sehen, Schmecken, Tasten und Riechen aus. Dadurch begrenzen wir uns von Anfang an durch das Sinnesbewusstsein und lassen unser Leben durch Triebe und die Freuden, die damit verbunden sind, leiten.

Je mehr wir uns den fünf Sinnen hingeben, desto mehr Anziehungskraft üben diese auf uns aus und desto stärker binden sie uns an die materielle Illusion, im Vedischen »Maya« genannt. Wir identifizieren uns mit unserem grobstofflichen Körper und entwickeln ein egoistisches Verhalten, das von negativen Eigenschaften wie Angst, Stolz, Mitleid, Verzweiflung und Hass begleitet wird, oder opfern uns für die Materie auf – im Glauben, ein guter Mensch zu sein.

In unserer Konsumgesellschaft dreht sich alles um die Materie: Geld, Güter, Umsatz, Reichtum … Je mehr Geld man besitzt, desto mehr kann man sich leisten!

Unser materielles Konto ist in unseren Gedanken allgegenwärtig. Unsere Sorgen, Ängste und Probleme sind meistens mit ihm verbunden. Wie verdient man am meisten, wie erhält man es am längsten, wie spart man am geschicktesten …?

Die Werbung suggeriert uns ununterbrochen, was wir noch alles brauchen könnten, welche Wünsche noch offen sein sollten. Unsere Sinne suchen ständig nach materiellen Freuden, die leider nicht dauerhaft sind. So brauchen wir immer intensivere und abwechslungsreiche Befriedigung durch die Materie und versuchen so, die fehlende Liebe, Freude und Glück zu erkaufen bzw. den geistigen Energieverlust zu kompensieren. Wir drehen uns im Kreis und verstehen meistens nicht, was uns eigentlich fehlt.

Das wahre Leben findet jedoch im Geistigen statt. Dort sitzt die Quelle der Kraft, die ALLES erschaffen hat und uns ständig nährt. Da wir ein Teil dieser universellen Kraft sind, ist sie automatisch in uns vorhanden. Das einzige, was wir tun müssen, ist das Bewusstsein dafür zu entwickeln, die höheren Sinne zu aktivieren und das höhere Wissen zu leben. Dann wird sich das SEIN offenbaren und unser geistiges Erbe antreten, das uns von allen Begrenzungen befreit und zur vollkommenen Erfüllung bringt.

Dieser Weg führt uns nach innen, zu unserem Ursprung, zu unserer wahren Natur, zu unserer Seele. Sie ist der Schatz, den es zu entdecken gilt, um wahrhaftig glücklich und gesund zu sein.

Sobald wir uns von den höheren Sinnen der Wahrnehmung und Intuition durchs Leben leiten lassen, können wir die Materie vollkommen durchschauen, sie mit unserem hohen Bewusstsein gestalten und auch genießen, ohne von ihr abhängig zu sein.

Das Wissen im Sinnesbewusstsein bereitet uns nicht nur in der Familie, sondern auch in der Schule und in der Gesellschaft vom Anfang unsers Lebensweges für das »Funktionieren« in der Materie vor.

So lernen wir:

- anderen zu gefallen
- den Wünschen unserer Eltern zu entsprechen
- die Aufgaben unserer Lehrer zu bestehen
- uns an die Gesellschaft anzupassen
- staatliche Anforderungen zu erfüllen.

Die Umfelder können unser Leben formen, weil wir um deren wahren Ursprung nicht wissen. Unser göttliches Kapital kommt nicht zur Geltung; die Seele fühlt sich von diesen äußeren, materiellen Zwängen eingeengt.

Der zunehmende Leistungsdruck, steigende Burnout-Fälle und die rasante Ausbreitung der modernen Zivilisationskrankheiten, die oft schon während der Schulzeit bei den Kindern auftreten, sind leider die logischen Folgen davon, dass keine wahre seelische Bildung stattfindet und unsere materiell so reiche Gesellschaft geistig immer mehr verarmt.

Im Grunde genommen entfernen wir uns schon in der Kindheit unbewusst vom SEIN durch einseitige Ausbildung der fünf Sinne und des Intellekts.

Wir treiben unseren Körper und Intellekt zu Hochleistungen, können aber den Verstand mit seinen tausenden Gedanken nicht beruhigen und auf den göttlichen Willen fokussieren, um die wahre Botschaft der Seele zu empfangen.

Unser wahres geistiges Potenzial, unsere Seele, kommt nicht zur Entfaltung.

Wir wissen nicht, wer wir sind! Und in dieser Unwissenheit suchen wir unseren Lebensweg nach dem »Try and Error«-Prinzip und tappen ziellos im Dunkel der Materie. Durch Leid und Schmerz den Wunsch nach Befreiung zu verspüren, ist die einzige Chance, die wir dann noch haben. So können wir den verzweifelten Ruf unserer Seele, das Licht im Dunkel, wahrnehmen.

»Und das Licht scheint in der Finsternis, und die Finsternis hat es nicht begriffen«.

Johannes 1,5

Wir sind als Ebenbild Gottes geschaffen und beschäftigen uns seit unserer Geburt im Schnitt sechs Jahre vor und zehn Jahre während der Schulzeit mit der Materie, nicht aber mit unserem wahren

Selbst, was den größten und wichtigsten Teil unserer Persönlichkeit ausmacht. Die Religions- und Ethikstunden spiegeln zwar die moralischen Muster der Gesellschaft wider, führen uns aber nicht zu den wichtigsten Fragen des SEINS, so wie diese z. B. in den Veden überliefert wurden. So werden wir brav auf das materielle Musterleben in der materiellen Mustergesellschaft vorbereitet und erahnen nicht einmal, welche Kräfte und Möglichkeiten in uns schlummern und ausbrechen wollen.

Die Kinderseelen werden zu Spielwiesen ihrer Umfelder, die durch Streit, Hass, Verzweiflung und Angst zerrissen sind. So gesehen ist es kein Wunder, dass Kinder immer schwieriger, aggressiver, ungezogener und unkonzentrierter werden, sodass die Lehrer und Eltern verzweifeln und keine Lösungen finden. Auch hier fehlt das Wissen von den wahren geistigen Ursachen und Zusammenhängen, um auf die wirklichen Bedürfnisse der Kinder und Erwachsenen einzugehen und ihnen zu helfen, wieder ihre innere seelische Balance zu finden.

Jede Beziehung kommt nicht zufällig zustande – weder privat noch beruflich. Es gibt immer die Chance, etwas gut zu machen, zu begreifen und zu handeln!

Hier kommen das hohe Wissen und die Liebe ins Spiel – die Liebe zu den Seelen, die man trifft! Und zu der Seele in uns selbst.

Wenn wir es geistig betrachten, geht es in der Familie, in der Schule oder in der Gesellschaft um die Zusammenkunft vieler Seelen, die die Möglichkeit bekommen, voneinander zu lernen und sich bei ihrer seelischen Weiterentwicklung gegenseitig zu helfen.

Wir sind im Geistigen eine Einheit, da wir alle den gleichen geistigen Ursprung haben. Mit diesem Wissen haben wir plötzlich einen ganz anderen Blick auf die Beteiligten und die Zusammenhänge und bekommen vor allem die Chance, geistig einen großen Schritt nach vorne zu machen.

Das Einzige, worum es im Leben geht, ist die eigene geistige Existenz, das SEIN zu ergründen und dieses durch unser Tun zu offenbaren. Es ist die wahre Lebensaufgabe, die wir zu erfüllen haben. Und es gibt viele Wege und Möglichkeiten, dies zu tun.

Die eine Möglichkeit ist das Trainingsprogramm SCHULE DES SEINS, das Eltern und Lehrern helfen soll, das spirituelle Wissen in ihren Alltag zu integrieren, vom Sinnesbewusstsein zum höheren Bewusstsein zu gelangen und die karmischen Zusammenhänge zu begreifen und zu überwinden.

Sie bietet die Möglichkeit, aus der Begrenzung der Sinne zur absoluten GEISTIGEN Erfüllung zu gelangen!

Es sind nur drei Schritte, die uns zum SEINS-Bewusstsein führen können:

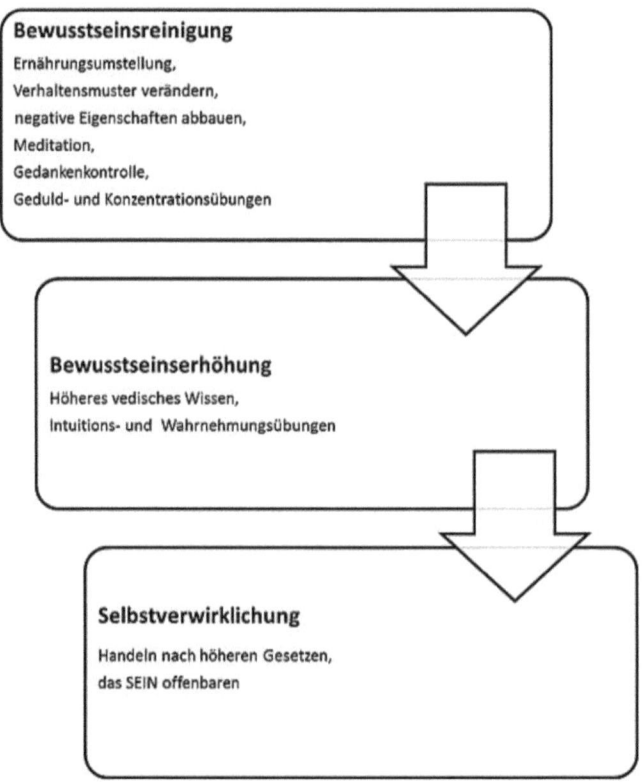

II. DAS WISSEN

»Gedenke, wovon du gefallen bist, und tue Buße«.

Offenbarung 2,5

1. Unsere wahre Identität

ls Kind wollte ich immer erwachsen sein, um ernst genommen zu werden. Meine Mutter sagte so oft zu mir, dass ich damit keine Eile haben sollte, denn ich würde schnell genug erwachsen werden und hätte dann viele Sachen zu erledigen und so viel Verantwortung zu tragen. Die Rolle des Kindes hat mir nicht gefallen, ich fühlte mich abhängig, eingeengt und konnte meine Kindheit nicht genießen. Die vielen Ängste, Sorgen und Verzweiflungsmomente, die meine Mutter als Alleinerziehende durchstehen musste, gaben mir keine innere Ruhe und keinen Frieden. Ich war innerlich ziemlich zerrissen und wollte unbedingt etwas gegen unsere Lebensumstände unternehmen, um meiner Mutter zu helfen.

Ich dachte, als Erwachsene kann ich tun und lassen, was ich möchte.

Doch nach der Rolle des Kindes kam die Rolle der Studentin, der Ehefrau, der Kollegin, der Arbeitskraft, des Mitglieds im Verein, der Bürgerin in der Gesellschaft.

Es gibt unzählige sichtbare Rollen in der Außenwelt, die wir mehrmals am Tag einnehmen. Die meisten von uns identifizieren sich sehr stark damit, ohne zu wissen, dass diese Rollen NUR die unterschiedlichen Erscheinungsformen unserer Frequenz in der materiellen Welt darstellen.

Diese haben sich aufgrund unseres Karmas, unserer alten Wünsche und Gedanken offenbart. Einfacher gesagt, die karmische Frequenz, die wir bei dieser Geburt mitgebracht haben, hat sich in dieser Vielfalt manifestiert. Wir sind die Summe aller unserer vergangenen Taten, Gedanken und Wünsche. Das ist der Grund dafür, dass wir einen bestimmten Beruf oder ein Hobby auswählen, eine Familie haben oder als Single leben, eine bestimmte Sprache sprechen oder diesen Körper mit entsprechenden gesundheitlichen Veranlagungen haben.

Das Sinnesbewusstsein täuscht uns vor, dass diese vielen Erscheinungsformen unsere wahre Identität sind, sozusagen die Facetten unserer Persönlichkeit. Deshalb sehen wir uns so und bezeichnen uns als Mutter, Fußballspieler oder Deutsche.

Seit unserer Geburt lernen wir, uns so wahrzunehmen: als Mädchen oder Junge, als arm oder reich, als gesund oder krank, als schön oder hässlich.

Es sind die ersten Begrenzungen, mit denen uns das Sinnesbewusstsein schon beim Lebenseintritt »beschenkt« und die uns die ersten Möglichkeiten einer Überwindung bieten. Es ist die Dualität der Materie.

Wird diese Sinneswahrnehmung von familiären und später von gesellschaftlichen Umfeldern als die einzige Wahrheit mit jedem Gedanken, mit jeder Tat unterstützt, entwickelt sich beim Kind die entsprechende Realität, die wiederum sein Leben prägt.

Dieses vom Sinnesbewusstsein geprägte Kind wird sich sein ganzes Leben lang mit äußeren Merkmalen und Umfeldern identifizieren, diese bedienen und von ihnen abhängig sein. Denn es hat gelernt, dass seine Wertigkeit an den materiellen Umständen festgemacht wird.

So wird es als Erwachsener gezwungen sein, ein guter Familienmensch zu werden, einen angesehenen Beruf zu erlernen, ein bestimmtes Auto zu fahren oder einen schönen Körper zu haben.

Ein Sinnesmensch wird die Freude, das Glück und die Erfüllung mit diesen Dingen verbinden und seine Lebensenergie daraus ziehen. Dies ist ein Mechanismus des Sinnesbewusstseins, welcher eine Weile gut funktionieren kann. Doch spätestens beim Verlust einer dieser Faktoren wird ein durch das Sinnesbewusstsein geprägter Mensch seinen Halt verlieren, Leid erfahren und orientierungslos werden. Dies ist der Moment, in dem die Begrenzung des Sinnesbewusstseins deutlich spürbar wird. Es liegt an der Seelenreife eines Menschen, ob er sich im kritischen Lebensmoment ein neues Sinnesziel setzt oder sich auf die Suche nach seiner inneren Identität macht, um das wahre Lebensziel zu erreichen.

Geistig gesehen sind unsere Lebensrollen nichts anderes als Aufgaben in karmischen Umfeldern, die wir zu bewältigen haben.

Die Allmacht gibt uns die vielseitigen Möglichkeiten, die alten Ursachen zu verarbeiten, wichtige Gesetzmäßigkeiten des Lebens zu erkennen, diese zu überwinden und dadurch zu wachsen. Unsere Lebensrollen haben sehr wohl mit unserer körperlichen und seelischen Entwicklung zu tun, doch nicht mit unserer wahren Identität.

Unsere Seele, das göttliche Selbst, spricht ständig zu uns.

Die vielen Überlagerungen durch Sinnesreize, negative Eigenschaften und die vielen Gedanken lassen uns nicht mehr in die Stille eintauchen, wir achten nicht mehr auf das SEIN, auf die SEELE, wir sind uns ihrer Existenz nicht mehr BEWUSST.

Unsere wahre Identität entspringt der Quelle unserer Existenz, unserer Seele, dem SEIN in uns.

Sie ist feinstofflich und offenbart sich in Form von Energie. Es sind UNENDLICHE LIEBE, FRIEDEN und FREUDE, die uns ständig durchdringen, beleben und erfüllen. Es ist eine Energie, die uns ALLE verbindet. Jede Seele ist ein Teil davon.

Sobald wir uns dessen bewusst werden, identifizieren wir uns mit unserer Seele, mit dem SEIN selbst und betrachten all unsere Lebenssituationen aus der SEELEN-EBENE.

Wir verstehen, dass die wahre Erfüllung, dauerhaftes Glück und Freude NUR im Geistigen zu finden sind.

Das wahre Leben findet im Geistigen statt!

Es ist die UNENDLICHE, ALLWISSENDE geistige Intelligenz, die unser Leben gemäß dem Schöpfungsplan lenken soll – und nicht das limbische System oder logisches intellektuelles Denken!

Nur so werden wir erkennen, dass wir in erster Linie eine Seele sind und einen Körper haben. Die Seele ist unsere wahre Identität.

Aus dem höheren Bewusstsein betrachtet sind Beziehungen jeglicher Art demzufolge eine SEELISCHE Angelegenheit. Egal welche Rolle ich oder mein Gegenüber im Leben spielen, die Seele soll Ausgangspunkt jeglicher Betrachtung sein.

Geistig gesehen sind die leiblichen Eltern eines Kindes die seelischen Begleiter einer Kinderseele in dieser materiellen Welt. Alle Seelen entstammen jedoch einer geistigen Quelle, somit haben die Elternseelen sowie die Kinderseelen die gleiche geistige Familie.

Sie sind Kinder Gottes und geistig nach seinem Bilde geschaffen. Das bedeutet, wir stammen alle aus der höchsten Energie, die wir zu hundert Prozent offenbaren können, doch aufgrund unserer vieler Bewusstseinsblockaden nur begrenzt zur Verfügung haben.

Wir begrenzen uns durch das Sinnesbewusstsein! Durch unsere falsche Vorstellung von unserer Identität.

Als Gotteskinder stehen uns die geistigen Kräfte zur Verfügung, die es uns ermöglichen, unsere Lebensumstände, sprich unsere inneren und äußeren Lebensumfelder, gemäß der höchsten Intelligenz zu formen, durch unsere geistige Kraft zu materialisieren, um dadurch unseren Lebensauftrag seelengemäß zu erfüllen.

Durch unsere innere Quelle steht uns unendliche Energie zu Verfügung, um alle karmischen Prüfungen mit Liebe und Wissen zu bestehen und die seelische Weiterentwicklung voranzutreiben.

Folgende Grafik soll diese Zusammenhänge verdeutlichen:

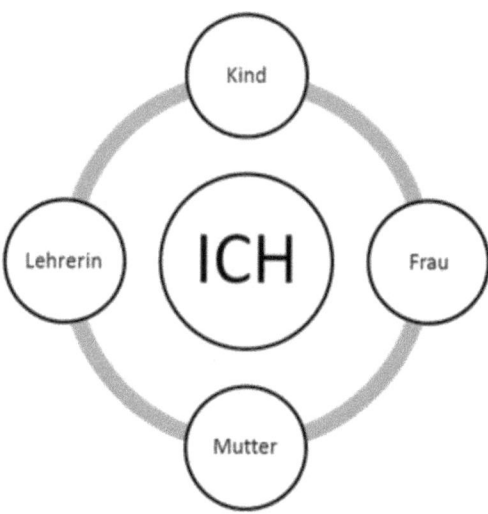

Identifizieren wir uns mit den vielen materiellen Lebensrollen, geraten wir in die Abhängigkeit von den Umfeldern, drehen uns im karmischen Kreis der Wiedergeburt und entfernen uns von unserem wahren Selbst. Sind wir uns unserer wahren Identität bewusst, leben wir nach dem göttlichen Schöpfungsplan.

Das Leben nach dem göttlichen Schöpfungsplan ist die einzige Möglichkeit, authentisch zu sein!

Je mehr Lehrer und Eltern sich dessen bewusst werden, sich spirituell öffnen, ihre negativen Eigenschaften abbauen, Gedanken und Gefühle reinigen und das Wissen um die geistigen Gesetzmäßigkeiten des Seins verinnerlichen, desto besser können sie ihrer eigenen Seele und den vielen Kinderseelen helfen, ihrem Schöpfungsplan zu folgen.

Denn nur so gelangen sie selbst und die neu inkarnierten Seelen auf den Weg des Glücks, der Freude und Erfüllung!

Wir sind auf dieser Erde, um unsere seelische Entwicklung voranzutreiben und anderen Seelen zu helfen, den geistigen Weg zu finden und zu begehen. Es ist der einzige Sinn unserer Inkarnation.

Die materiellen Sinne und Begebenheiten sollen NUR der Mittel zum Zweck sein. Wir können sie besitzen, genießen und benutzen, doch sollen niemals von ihnen abhängig werden.

Sie dürfen NIEMALS unseren inneren geistigen Frieden, Freude und Glück ersetzen!

Neulich teilte mir meine sechsjährige Schülerin ganz traurig mit: »Es ist so schade, dass Gott gestorben ist!«

Da es kurz vor Ostern war, dachte ich mir, dass sie Jesus meinte, der am Kreuz gestorben ist. Nun erzählte ich ihr, dass es nur sein Körper war, dass seine Seele weiterlebt und sich mit dem SEIN wieder vereint hat. Und wenn sie will, kann sie mit ihr Kontakt aufnehmen und kommunizieren.

Ihr Gesicht strahlte. »Weißt du«, flüsterte sie ganz leise, »mein Opa ist auch schon gestorben, aber ich kann mit ihm manchmal reden!«

»Und wie geht es deinem Opa?«, fragte ich direkt.

»Er ist ganz glücklich und beschützt meine Familie.«

Prompt berichteten auch andere Kinder, die diesem Gespräch aufmerksam zugehört haben, von ihrer Oma, ihrem Hund oder ihrem Vogel.

Solche Situationen ergeben sich sehr oft, da Kinder sich mit dieser Thematik unbewusst beschäftigen. Kleine Kinder fühlen sich sehr wohl in der geistigen Einheit, sie sind mit ihr noch sehr stark verbunden. Für sie ist die »unsichtbare« Kommunikation vollkommen natürlich, deshalb glauben sie an Engel, Zwerge und Geister, weil sie »nicht körperliche« Wesen wahrnehmen können. Hier ist sehr wichtig, dass sie mit höheren Wesen, mit dem SEIN, mit ihrer eigenen Seele, kommunizieren lernen.

Eltern und Lehrer haben dadurch die hervorragende Möglichkeit, die wahren geistigen Zusammenhänge zu verdeutlichen. Geistige Kommunikation kann geübt werden, sodass sich die höheren Sinne kontinuierlich entwickeln. Es ist nichts anderes, als mit der Allmacht zu »telefonieren«, mit unseren »geistigen Eltern« Kontakt aufzunehmen, die uns die Weisheit und spirituelle Erfahrung weitergeben.

Was für ein Segen, dass Kinder mit ihren Gedanken diese natürliche geistige Wahrnehmung NOCH NICHT so festmauern und blockieren wie wir Erwachsene!

Solche Übungen der wahren Identität würden Kinder- und Elternseelen wieder in die Einheit bringen, sodass die Eltern ihre Kinder nicht mehr als ihr Eigentum betrachten, sondern als vollwertige göttliche Seele.

Das übliche hierarchische Erziehungsmodell würde sich zu einem Seelen-Beziehungsmodell verwandeln.

Wenn wir alle das höhere Bewusstsein hätten, würden wir die EINE geistige Wahrheit leben, die allen zugutekommt.

Die Meinungsverschiedenheiten entstehen nur aufgrund unterschiedlicher Bewusstseinsebenen.

Wir würden in Frieden, Freude und Liebe miteinander leben und aus dieser inneren Haltung alle unsere Umfelder betrachten und gestalten. Wäre das nicht das Paradies auf Erden?

Bhutan ist ein kleines Land am Rand der Himalaya-Region, das von einem König regiert wird. Als höchstes Ziel seines Amtes strebt er das Glück der gesamten Nation als Währungseinheit an!

Dies ist eine ganz neue Währung, für die wir auch ein Glückskonto anlegen und schauen sollten, bei welchen Handlungsweisen die schwarzen Zahlen in die Höhe gehen. Sind es eher materielle oder geistige Inhalte, die uns dauerhaftes Glück bescheren?

Warum genügt es uns, nur ab und zu zufrieden zu sein? Sind wir auf die kurzlebigen materiellen Freuden angewiesen, weil wir die anderen nicht wirklich kennen oder wahrnehmen wollen?

Versuchen wir nicht mittlerweile, uns das zu erkaufen, was wir uns im Innersten wirklich wünschen: Liebe, Frieden, Glück?

Wäre es nicht sinnvoller, zu sich selbst ehrlich zu sein und das geistige Originalglück anzustreben, statt sich mit unendlichen materiellen Attrappen zu trösten und täuschen zu lassen?

Unsere Seele ist der unsichtbare, geistige Teil unserer Persönlichkeit, der aber unsere gesamte Existenz ausmacht. Sie ist unser Heiligtum und weilt im Tempel unseres Körpers, bis sie durch das hohe Bewusstsein und bewusstes Tun zur Entfaltung gebracht werden kann.

Da wir uns aber aufgrund unseres Sinnesbewusstseins nur auf das Sichtbare, den Körper, konzentrieren und ihn als das endgültige Heiligtum betrachten, bleibt uns der geistige »Schatz« verborgen.

2. Feinstoffliche und grobstoffliche Reinigung

evor meine Mutter mit achtundfünfzig Jahren starb, war sie sehr krank. Sie hatte so viele Schmerzen und Leiden, dass sie ihren Körper nicht mehr retten konnte.
Es war das Ergebnis einer Addition von Angst, Stolz, Sorge, Unsicherheit, Verzweiflung, Trauer, Mitleid, vielen Gedanken, Erfahrungen, Wünschen, Erwartungshaltungen, Ungeduld, Überforderung, Stress, Abhängigkeit, Vorurteilen, Enttäuschungen, Glauben, Geltungsbedürfnis, Kummer, Furcht und Schuldbewusstsein, die ihren Körper so früh zum Verfall brachte. Diese Ursachen haben sich über die Jahre vervielfacht und verstärkt.

Als ich ihren Körper auf dem Sterbebett sah, spürte ich diesen unendlichen Schmerz und die zu große Last, die für ihre Seele unerträglich wurden, sodass sie sich durch den Tod befreien musste. Und ich fragte mich in diesem Moment, ob ihr Leben auch ein anderes Ende hätte nehmen können. Wäre es möglich, die Seele im Laufe des Lebens so zu befreien, dass der Tod ein natürlicher Übergang und nicht die Notlösung für die Seele wäre? Hätte sie durch Bewusstseinstransformation die Fesseln des Sinnesbewusstseins und somit auch den Tod überwinden können?

Solange wir im Sinnesbewusstsein leben, unterliegen wir den Gesetzen der Materie, das heißt den karmischen Gesetzen von Ursache und Wirkung.

All das, was wir in den vergangenen Inkarnationen verursacht haben, seien es gute oder schlechte Taten, offenbart sich im Nu und formt unseren gegenwärtigen Lebensweg mit all seinen Höhen und Tiefen. Sogar unsere Charaktereigenschaften und Wünsche werden so von den vergangenen Leben übertragen und warten darauf, erfüllt und gelebt zu werden.

Und, obwohl wir durch Gedankenenergie unsere Realität formen können, werden uns im aktuellen Leben nur solche Wünsche erfüllt, die mit dem jeweiligen Karma eine Resonanz eingehen und unserem aktuellen Bewusstsein entsprechen.

Dazu kommen noch die negativen Charaktereigenschaften wie Angst, Hass, Gier, Stolz oder Mitleid, die unsere Gedanken durch Vorurteile, Erfahrungen, Sorgen und Glauben verzerren und in unserem diskursiven Denken zu falschen, sprich egoistischen, Schlussfolgerungen führen.
Dadurch verursachen wir logischerweise unbewusst immer neues Karma und kommen letzten Endes aus diesem karmischen Teufelskreis nicht mehr heraus.

Unsere ursprüngliche karmische Frequenz bleibt unverändert oder verschlechtert sich sogar durch neues negatives Karma und neue egoistische Wünsche, prägt so schon unsere nächste Inkarnation und das Rad der Wiedergeburt dreht sich immer weiter.

Wir können diesem Gesetz nur entrinnen, oder besser gesagt, das wiederholte karmische Leben nur verändern, durch das Wissen um unsere wahre geistige Identität sowie die universellen Gesetze und den Willen, im SEIN zu denken und zu handeln.

Dafür bedarf es unbedingt einer BEWUSSTSEINSREINIGUNG, die unsere Gedanken und Gefühle beruhigt und unsere negativen Eigenschaften eliminiert oder zumindest erst einmal reduziert, um die Seele zu entlasten und wieder zum Vorschein zu bringen und sie zu stärken, damit sie ihre Kraft entfalten kann. Nur bei einem gewissen Reinheitsgrad des Bewusstseins können wir das SEIN in uns überhaupt WAHRNEHMEN.

Bildlich gesehen wollen wir das trübe, aufgewühlte Wasser unseres Bewusstseins wieder klar und ruhig bekommen, damit der Grund, in dem Fall das SEIN, die Seele, wieder sichtbar wird.

Deshalb ist es eine Art SEELENFASTEN. Eine Möglichkeit, die Seele von allem zu befreien, das zu opfern, was ihr schadet und sie sehr belastet.

Es sind vor allem die vielen störenden, unruhigen Gedanken, Gefühle und Wünsche, die aus den negativen Eigenschaften wie Angst, Hass, Stolz, Mitleid und Verzweiflung hervorgehen und ihre Wurzeln in unserer Unwissenheit, in unserem Ego schlagen.

Wenn wir lernen, all diese störenden Faktoren im Zaum zu halten und nach und nach zu minimieren, machen wir den ersten Schritt zu unserem wahren Selbst, denn wir stärken dadurch unsere Seelenenergie, steigern unser Bewusstsein und überwinden unser schlechtes Karma.

Es bedarf sehr viel Disziplin und Ausdauer, um diesen Prozess der Seelenentgiftung zu vollziehen, da unsere Denk- und Verhaltensgewohnheiten die Muster sind, die wir womöglich schon einige Leben lang praktizieren. So wie die Flüsse die Landschaft formen, haben unsere Muster im Gehirn schon ziemlich tiefe »Spuren« hinterlassen.

Unser Wille, die geistige Kraft in uns, kann uns die notwendige Unterstützung geben, uns nicht mehr von unseren Mustern gestalten zu lassen. Nur so können wir unser karmisches Lebensszenario verändern und unser Selbst (die Seele) die Regie für unser Leben übernehmen lassen.

Das Verhältnis zwischen Bewusstseinsreinigung, sprich Bewusstseinserhöhung, und unseren karmischen Ursachen, samt negativen Eigenschaften, soll im folgenden Diagramm anschaulich gemacht werden:

Bei ständiger Bewusstseinsentwicklung, sprich Seelenreinigung und automatischer Bewusstseinserhöhung, haben wir die Möglichkeit das belastende Karma zu überwinden.

Bleiben wir unverändert im Sinnesbewusstsein gefangen und leben nach dem limbischen System, können wir unsere karmischen Ursachen niemals verändern, da unser Bewusstseinslevel niedrig bleibt.

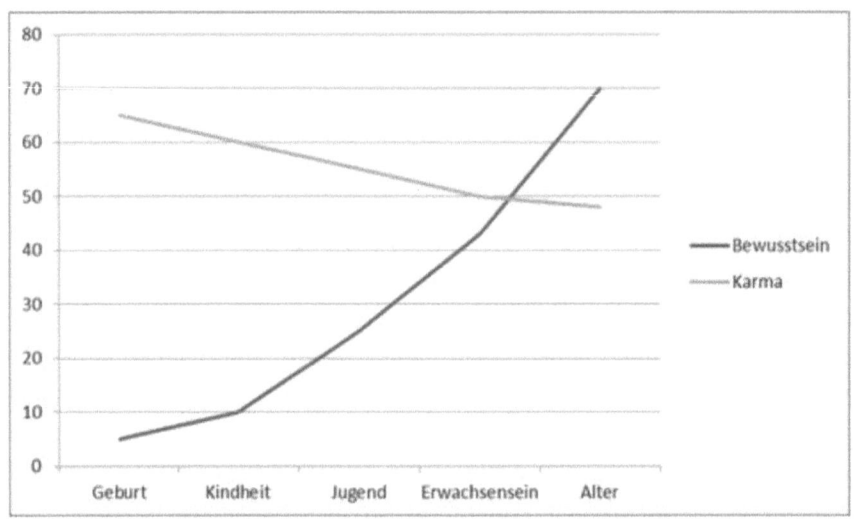

In der Erziehung können Eltern und Lehrer diese Seelenreinigung bei sich selbst und bei den Kindern täglich vollziehen, denn jede Alltagssituation bietet die Chance, im höheren Bewusstsein zu handeln und nicht reflexartig nach dem limbischen System zu reagieren.

Ich bin mir dessen sehr wohl bewusst, dass diese Aufgabe für den beruflichen oder privaten Alltag eine sehr große Herausforderung darstellt.

Doch hier können die Erwachsenen und die Kinder voneinander nur profitieren. Wir selbst als auch unsere Kinder oder Schüler haben Verhaltens- oder Denkmuster, die die natürliche seelische Entwicklung blockieren, oft sogar unmöglich machen.

Eine Konfliktsituation z. B. ist geistig gesehen nichts anderes als eine starke Resonanz der negativen Eigenschaften oder Muster. Wenn wir uns dessen bewusst werden und diese verändern, besteht an der Stelle kein Konfliktpotenzial mehr.

Mein Schüler Ralf hatte sehr große Angst, zu verlieren, ausgelacht zu werden oder schwach zu erscheinen. Sobald er spürte, dass die Situation sich in die Richtung entwickelte, wurde er aggressiv und schlug wild um sich. Dieses Verhalten entsprang seinem limbischen System und er konnte es nicht kontrollieren.

Er verletzte in seinem Rausch viele Kinder und die üblichen Strafmaßnahmen haben nichts verändert. Es kostete sehr viel Zeit, Geduld und Mühe, Ralf dazu zu bringen, seine Gefühle zu verbalisieren. Doch auch seine Ausdrucksweise in dem Moment war sehr derb und beleidigend. Seine Angst und damit verbundene Gefühle und Handlungen mussten transformiert werden.

In seinem Fall war es die Familiensituation, die ihn unsicher und ängstlich machte. Sein Vater war todkrank und Ralf hatte ständige Angst, ihn zu verlieren.

Nach einigen Elterngesprächen waren Ralf und sein Vater auf einem sicheren Weg, sich mit spirituellen Übungen zu beschäftigen. Ralf lernte, sich zu beruhigen, in die große geistige Einheit einzutauchen und das Materielle loszulassen. Er lernte, seinen Vater in Liebe loszulassen und die gemeinsame geistige Familie wahrzunehmen. Er fand es toll, geistig immer bei seinem Vater sein zu können. Nicht nur als Vater und Sohn, sondern als eine Seelen-Einheit, die ihm Kraft und Mut gab.

Mit der Zeit wurde Ralf ausgeglichener, fröhlicher und liebevoller. Und nicht nur ihm, auch seinem Vater ging es seelisch viel besser.

Durch diesen großen geistigen Schritt konnten die beiden ihr Bewusstsein erhöhen und ihr schweres Karma lindern.

Es gibt so viele Denk- und Verhaltensweisen, die wir unbewusst mithilfe unseres limbischen Systems, unseres Reptiliengehirns, vollziehen.

Viele Menschen neigen dazu, das Gegenüber verbal oder körperlich anzugehen, wenn sie sich übergangen, verletzt oder schwach fühlen. Es ist ein Mangel an hoher Energie und Unsicherheit, den sie zum Ausdruck bringen. Ein Mangel an Selbstwert, Unwissenheit über die wahre Identität oder das Gefühl des Getrenntseins.

Ein positives Verhaltensmuster muss in dem Fall vorgelebt und eingefordert werden.

Ein auch noch so kleiner Erfolg sollte gelobt und honoriert werden, bis der Verhaltensmechanismus sich positiv gewandelt hat.

Ein Kind kann sich ein anderes Kind oder einen Erwachsenen als Vorbild nehmen und die positive Verhaltensweise nachahmend üben. Idealerweise entwickeln sich Erwachsene und Kinder zusammen.

Die Verbindung zum SEIN durch Ruheübungen, Meditationen und durch das Wissen soll parallel intensiv praktiziert werden. Die bewussten Verhaltensweisen werden dadurch gestärkt, das Kind »erinnert« sich und gelangt in die seelische Balance, besser gesagt, es findet wieder in die seelische Einheit.

Dieses geistige Mittel hat bei Ralf auch eine Wandlung eingeleitet, die zu einer Lebenswandlung wurde. Er durfte als Vorbild anderen Kindern seine Stärke vorleben und ihnen helfen, ihre Schwächen zu überwinden. Seine seelische Entwicklung hat wieder einen positiven Lauf genommen.

Wir haben so viele materielle Vorbilder, denen wir im Aussehen, Status, Erfolg, Lebensstil oder im Verhalten ähneln wollen. Sie sind sicherlich inspirierend, um ein materielles Ziel anzuvisieren.

Doch wir dürfen unseren geistigen Weg dadurch nicht verlassen und unsere materiellen Ziele nicht über die seelischen stellen. Auf dem Weg zum höheren Bewusstsein können nicht nur Kinder, sondern auch Jugendliche und Erwachsene sich ein geistiges Vorbild aussuchen und diesem folgen.

Seien es die Weisen, die Rishis, Jesus, Buddha und noch viele andere, die ins SEIN gefunden und ihre Erfahrungen übermittelt haben. Von ihnen können wir die bewussten Verhaltens- und Lebensweisen lernen.

Nicht nur die reine Nahrung für die Seele, sondern auch die reine Nahrung für den Körper führt letzten Endes zum reinen, göttlichen Bewusstsein.

Zu einem gesunden Geist passt sicherlich nur ein gesunder Körper.

Daher ist es sehr ratsam, gleichzeitig zu der feinstofflichen Reinigung der Seele die grobstoffliche Reinigung des Körpers zu vollziehen.

Das bedeutet, auch unsere Ernährungsgewohnheiten zu verändern.

Die Natur nährt sich von Prana, der reinen Energie des SEINS, die alles durchströmt.

Diese Energie ist feinstofflich und deshalb unsichtbar.

Es ist eine geistige Information, die das Leben aufrechterhält.

Wenn wir also unseren Körper mit reinen Informationen nähren wollen, um ihn gesund und vital zu erhalten, kommt nur rein pflanzliche Nahrung in Frage.

Die biologisch angebauten Pflanzen speichern sehr viel Prana und liefern unserem Körper somit die notwendige Lebensenergie, die auch unserer natürlichen Nahrung entspricht.

Die toten Tiere dagegen werden nicht mehr von Prana durchflutet und schaden unserem lebendigen Körper durch Informationen des Todes und des Zerfalls, die sie beinhalten.

Ein Tier folgt seinem natürlichen Instinkt und nimmt nur solche Nahrung zu sich, die auf seinem Speiseplan stehen sollte. Alle großen und starken Tiere wohlgemerkt ernähren sich vegetarisch. Es ist ein Beweis dafür, dass wir unsere körperliche Stärke und Größe nicht durch Fleischverzehr bekommen.

Geistig gesehen besitzen nicht nur Menschen, sondern auch alle Tiere eine Seele.

Die Tierseelen sind in ihrem Bewusstsein noch nicht so weit entwickelt, sie leben und handeln nach ihrem tierischen Sinnesbewusstsein, ihrem natürlichen Instinkt.

Jede Seele hat ihren Entwicklungsweg, der nicht unterbrochen werden darf.

Ein Mensch, der der natürlichen Lenkung der Natur folgt, würde niemals ein Tier schlachten. Ein wahrer Mensch kann den Anblick des Todes nicht ertragen. Aus diesem Grund werden die Schlachthäuser möglichst weit weg von den Städten angelegt.

Auch rohes Fleisch kann ein Mensch nicht genießen, es sei denn, seine Sinne wurden von verschiedenen Zutaten und Gewürzen getäuscht.

Im Vedischen wird die reine Nahrung als sattvische, lebendige Nahrung bezeichnet. Sie besteht aus Obst, Gemüse und Getreide.

Diese natürliche Nahrung hilft dem Körper, alle notwendigen Informationen wie Vitamine oder Mineralstoffe zu erhalten und gleichzeitig immer mehr reine Energie, Prana, aufzunehmen, um im Fluss zu bleiben.

Je weiter wir auf unserem spirituellen Weg fortgeschritten sind, desto mehr Wahrnehmung entwickeln wir für die Nahrungsinhalte und desto besser können wir einschätzen, was unser Körper wirklich benötigt, das heißt, welche Nahrungsinformationen er braucht, um gesund und vital zu bleiben.

Die reinste Nahrungsinformation ist letzten Endes die geistige Energie, da sie von jeglicher materiellen »Verschmutzung« frei ist. Ein Yogi, der ständig im SEIN verweilt, kann seinen Körper soweit bringen, sich nur von Prana zu ernähren, ohne auf grobstoffliche Nahrung angewiesen zu sein.

Ein reiner Körper ist die notwendige Voraussetzung für die geistigen Fortschritte und für die Bewusstseinserhöhung – so wird er wahrhaftig zum Instrument der Seele und kann die reinsten geistigen Informationen im Originalzustand wiedergeben und offenbaren.

Es ist immer wieder erschreckend, was für Nahrungsmittel die Vesperdosen der Kinder und der Speiseplan der Schulkantinen enthalten. Leider sind viele Eltern sich dessen gar nicht bewusst, dass unser Körper kein Mülleimer für zucker- und weißmehlhaltige, mit Konservierungs- und Farbstoffen angereicherte künstliche Nahrung ist.

Viele Kinder, und leider auch Erwachsene, nehmen keine LEBENS-, sondern eher KRANKHEITSMITTEL zu sich.

So muss man sich nicht wundern, dass ihr Körper ständig Unmengen von schädlichen Informationen verarbeiten muss und dadurch träge und krank wird.

Es ist leider wieder das Sinnesbewusstsein, was uns vorgaukelt, süße, bunte, fettige, weißmehlhaltige und fertig abgepackte Nahrungsmittel kaufen zu müssen.

Das höhere Bewusstsein führt uns aus dieser Sinnesfalle und hilft uns, instinktiv die natürliche Nahrung zu finden.

Unterstützend zur Bewusstseinsreinigung dienen uns viele Yoga-, Meditations-, Achtsamkeits- und Konzentrationsübungen. Sie helfen uns, die störenden negativen Gedanken und Gefühle zu eliminieren, führen uns zu innerer Ruhe, Frieden und Entspannung. Denn nicht nur ein reiner, sondern auch ein entspannter Körper kann das Höchste besser »leiten«.

Eine feinstoffliche Reinigung der Seele soll all die unsichtbaren Blockaden beseitigen, die unsere seelische Kraft nicht zum Tragen kommen lassen. Das sind vor allem die negativen Eigenschaften wie Stolz, Hass und Neid, Mitleid, Angst und Verzweiflung. Damit verbundene egoistische Gedanken, Wünsche und Handlungen überschatten unsere Seele und lassen das SEIN in uns nicht wirken, wie die dunklen Regenwolken das Sonnenlicht nicht durchstrahlen lassen.

Regelmäßige Meditation- oder Konzentrationsübungen helfen uns auch im Alltag, durch das bewusste Abschalten der Sinne die Achtsamkeit auf die Seele zu richten.

Durch das Zurückziehen der Sinne nach innen, im Sanskrit Pratyahara genannt, wenden wir uns bewusst von den äußeren Gegenständen ab und richten unsere Aufmerksamkeit zu unserer Seele, zum SEIN in uns.

So kommen wir automatisch von der Vielfalt der materiellen Sinnesgegenstände zur inneren Einheit. Wir lernen, die üblichen fünf Sinne (Hören, Sehen, Tasten, Schmecken und Fühlen) immer mehr unter Kontrolle zu bringen, sie zu beruhigen und Schritt für Schritt abzuschalten, bis sich in uns eine heilende Stille ausbreiten kann.

In dieser Stille liegt tatsächlich die geistige Kraft, die sich entfalten möchte.

Ständige Kontrolle (Yama) und Disziplin (Nyama) im Alltag helfen uns, die niedrigen egoistischen Eigenschaften zu eliminieren. Es ist die Fähigkeit, im Hier und Jetzt zu SEIN und die Seele als Beobachter zuzulassen. Die inwendige Beobachtungsgabe hilft, die eingefahrene Denk- und Verhaltensmuster zu verändern, die uns ständig vom SEIN abhalten, unser Ego nähren und zu wiederholten karmischen Ursachen führen.

Gedanken lassen sich sehr gut durch Mantren neutralisieren. Diese hohen Lautschwingungen enthalten heilige Silben, Wörter und Laute aus dem indischen Kulturkreis. Sie bringen uns durch Singen oder Rezitieren geistig auf eine höhere energetische Schwingung.

Im Alltag kreisen unsere Gedanken meistens um die Sinnesgegenstände oder Situationen, Probleme, Sorgen oder Wunschvorstellungen. Auch unsere positiven Gedankengänge sind oft mit Materiellem verknüpft.

Die tägliche Gedankenentwicklung können wir bildlich als eine unendliche Kurve darstellen mit vielen hohen und tiefen Schwankungen, die in der materiellen Welt von den äußeren Reizen verursacht werden. Dieses gedankliche Hin und Her führt zur Unruhe, intensiven Gefühlsänderungen und damit zur geistigen Verwirrung oder Verzerrung der tatsächlichen Realität.

Jeder Gedanke entsteht aus dem Sinnesbewusstsein, aus unserer egoistischen Weltanschauung, und ist mit unseren negativen Eigenschaften verknüpft.

Je weniger Gedanken wir haben, desto mehr Seelenbotschaften können wir empfangen. Unsere göttliche Wahrnehmungs- und Intuitionsfähigkeit kann sich entfalten.

Die reine geistige Schwingung ist eine Konstante. Sie bleibt unverändert und schenkt unserem Geist die nötige Ruhe, Entspannung und Klarheit, um die höheren Informationen wahrnehmen zu können.

Im höchsten Bewusstsein gibt es keine Gedanken. Es ist das reine Empfangen und Umsetzen einer Information, einer Schwingung, die mit unserem Bewusstsein eine Resonanz eingeht.

Je höher das Bewusstsein, desto höher sind die Schwingungen, die wir empfangen können. Nur in der absoluten inneren Klarheit und Ruhe wird der göttliche Laut »Om« (Pranava) wahrnehmbar. Es ist unsere innere Stimme, die ständig zu uns spricht. Dieser Laut ist der Weg zum SEIN, zu unserem Selbst.

Viele praktische Übungen und Rezepte zum Thema feinstoffliche und grobstoffliche Bewusstseinsreinigung finden Sie in meinem Buch »SOULFOOD Vegan«.[3]

---

[3] **SOUL FOOD Vegan** von Timmermann, Ilona. Praktische Rezepte für Körper und Seele, ISBN 978-3-945833-33-9

3. Universelle Gesetze

Aufopferung der negativen Eigenschaften bedeutet Buße, die wir täglich vollziehen können, um das SEIN in uns zu ehren und zu stärken.

Dieser Prozess ist die seelische Regeneration, eine Bewusstseinskur, die unbedingt notwendig ist, um wieder zu geistigen Kräften zu kommen. Durch all die Sorgen, Ängste, Trauer und Verzweiflung, all die Sinnesreize, die uns ständig abgelenkt haben, all die Gedanken und Wünsche, die wir gehegt und gepflegt haben, wurde unsere Seele über so viele Leben hinweg unter den größten, vollkommen unnatürlichen Druck gesetzt, dass der Körper zu seiner natürlichen Schutzreaktion STRESS gegriffen hat, erkrankte, alterte und frühzeitigen Tod erlitt. So konnte die Seele ihren geistigen Auftrag nicht erfüllen.

Durch den Abbau der negativen Eigenschaften und der damit verbundenen Gedanken und Wünsche wird unsere Seele aus den Zwängen des Egos befreit und kann ihre eigenen Heilkräfte wieder entfalten.

Es ist ein Prozess der INFORMATIONSKORREKTUR: Das Sinnesbewusstsein wird durch höchstes Bewusstsein transformiert. Wir entwickeln aus dem Wissen über die universellen Gesetzmäßigkeiten des Seins hohe Eigenschaften, Gedanken und Wünsche.

Es ist eines der universellen Gesetze, das besagt, dass

es keine tatsächliche Sünde gibt, außer der niedrigen Energie, mit der der Mensch viel Negatives verursacht.

Durch unsere Unwissenheit halten wir die Materie für die endgültige Realität und handeln dementsprechend nach materiellen Gesetzmäßigkeiten des Egos. Das ist die größte Sünde unserer Seele gegenüber, da sie rein und göttlich ist, die geistigen Gesetzmäßigkeiten offenbart und von den Auswirkungen des Egos blockiert wird.

Das SEIN ist die Quelle unserer Existenz. Die materielle Welt ist jedoch nur der kleinste Teil der Offenbarung, sie ist wie ein Tropfen im Ozean des unendlichen geistigen Wesens, ein Ausschnitt aus dem Lichtspektrum, das wir mit unseren Augen sehen können, ein Bruchteil der Sekunde in der göttlichen Ewigkeit. Doch die materielle Welt, diesen minimalsten Teil der geistigen Offenbarung, halten wir unwissend für das Endgültige, beschränken uns dadurch nur auf sie, machen uns in Gedanken, Handlungen und Wünschen von ihr abhängig und halten an ihr fest.

Wir begrenzen unsere grenzenlose Seele, wir fesseln sie an unsere egoistischen Vorstellungen und nutzen ihre geistige Kraft für unsere egoistischen Ziele.

Je mehr Negatives in unserem Handeln, Denken und Fühlen wir verursachen, desto stärker verletzen wir das Göttliche in uns und um uns herum, wir ignorieren das, was uns das Leben ermöglicht, nämlich die Quelle unserer Existenz.

Doch wenn wir unsere geistige und nicht unsere materielle Persönlichkeit als unser wahres Selbst erkannt haben, sind wir auf dem Weg zur spirituellen Quelle. Wir müssen zwar gegen die Strömung schwimmen, vieles überwinden und standhaft im Höchsten bleiben, doch unsere Mühe wird reichlich belohnt.

Starker Wille und Tatkraft sind die notwendigen Voraussetzungen auf dem Weg zur spirituellen Selbstverwirklichung, auf dem Weg zu unserer geistigen Heimat.

Je schneller und intensiver wir uns das höchste Wissen über das Sein aneignen, es verinnerlichen und auch leben, desto mehr können wir im SEIN wirken und unsere wahre geistige Natur, unsere Seele, offenbaren. Denn:

Bewusstseinserhöhung ist proportional zum Energieaufwand.

Im Geistigen gibt es keinen Raum und keine Zeit, es sind Dimensionen, die nur in der Materie eine Relevanz haben. Das SEIN ist unendlich, ewig und unbegrenzt.

Im SEIN wirkt unser Handeln und Denken im Nu, im Jetzt und sofort.

Das bedeutet, dass jeder Gedanke, jede Tat, die wir vollbringen, sofort eine Auswirkung auf der feinstofflichen, geistigen Ebene hat. Im Negativen verursacht es neues niederes Karma, im Höchsten bedeutet es ständig wachsendes Bewusstsein und somit ständig wachsende geistige Möglichkeiten der seelischen Offenbarung.

Durch niederes Sinnesbewusstsein erschaffen wir Niederes, mit hohem Bewusstsein offenbaren wir Gutes und mit dem höchsten Bewusstsein das SEIN. Wir erschaffen unser alltägliches Leben durch unser Bewusstsein, aus den daraus entstehenden Gedanken und Handlungen. Denn:

Die Materie folgt immer dem Geist.

Unser Geist ist eine labile Kraft, sie kann gemäß der Bewusstseinsstufe für das Hohe oder für das Niedere eingesetzt werden. Es ist die Kraft, die im Sinnesbewusstsein dem Ego und im höchsten Bewusstsein der Seele dient.

Wir haben die geistige Fähigkeit, unsere Realität zu erschaffen. Die reinen geistigen Informationen, die wir ständig empfangen, werden vom Sinnesbewusstsein verzerrt und durch negative egoistische Eigenschaften verändert.

Daraus entstehen unsere Gedanken, die sich dann bei einer gewissen Gedankenintensität, sprich Energiezufuhr, zu unserer Realität formen und sich materiell manifestieren.

Diese Realität entspricht aber nicht den Bedürfnissen unserer Seele und unserem geistigen Weg.

Je stärker wir im Sinnesbewusstsein verankert sind und unsere negativen Eigenschaften leben, desto mehr formen verzerrte und veränderte Gedanken unsere Realität. Die Seele leidet unter der immer größer werdenden Last.

Dieser Missstand ist die Ursache vieler seelischer Krankheiten und Depressionen, die sich dann auch auf der körperlichen Ebene durch verschiedene Krankheitsbilder äußern.

Die Tatsache, dass viele kleine Kinder schon davon betroffen sind, deutet darauf hin, dass sie schon vieles an belastendem Karma mit sich bringen und dieses sich nach der Geburt von den Umfeldern aus Unwissenheit noch verstärkt hat.

Da unsere Gedanken nicht sichtbar sind, sammeln sich die negativen Frequenzen des Handelns erst in der feinstofflichen unsichtbaren Ebene. Sie sind wie die roten Zahlen auf dem Konto des Körpers, das bis zu einem gewissen Betrag zinsfrei bleibt.

Bis diese Summe ihre Zinsen in Form von Leid und Krankheit auszahlt.

Es gibt nur einen Weg, aus dieser Schuldenfalle herauszukommen: sich geistig auf das SEIN zu konzentrieren und die positive geistige Realität zu erschaffen. Unter positiver Realität ist hier die ganzheitliche Lebenssituation zu verstehen – mit all den dazugehörigen Personen, Umständen und Situationen.

Energieumfelder entstehen erst im Geistigen und werden dann durch die Gedankenenergie in die stoffliche Form der Materie umgesetzt.

Die Gedankenenergie ist die geistige Kraft, die Materie formen kann. Es ist ein Impuls, eine Wohin-Information, die das Unsichtbare sichtbar werden lässt. Auch unsere unbewussten Gedanken geben diese Energie frei, deshalb ist die Bewusstseinsausrichtung für unsere Lebensgestaltung entscheidend.

Unser Bewusstseinslevel bestimmt die Gedankenqualität.

Hier trifft der Spruch »Du bist, was du denkst« ins Schwarze.

Im Geistigen geht keine Energie verloren.

Es gibt ein geistiges Energieerhaltungsgesetz. Jede Energie, auch Gedankenkraft, die freigesetzt wurde, geht nicht verloren. Sie kann sich verändern, aber nicht verschwinden. Dieser Prozess kann mit dem Wasserkreislauf verglichen werden.

Das Wasser verdampft bei höheren Temperaturen und nimmt einen gasförmigen Zustand an, dann sammelt es sich wieder und kann bei Kälte zu Eis werden. Das heißt, die Information des Wassers geht nicht verloren, es verändert sich lediglich ihre Form.

Das, was in der Materie sichtbar ist, kann sich wieder zur geistigen, unsichtbaren Form verwandeln und umgekehrt kann das Unsichtbare wieder sichtbar werden.

Wir selbst sind der Beweis dafür, dass dieses Gesetz funktioniert. Unsere Seele manifestiert sich bei jeder neuen Geburt in der grobstofflichen Form des Körpers und bei jedem Sterbeprozess gibt sie den Körper wieder ab. Es ist ein Naturgesetz, das das Entstehen, Verändern und Vergehen beinhaltet.

Die Jahreszeiten offenbaren sich auch nach diesem Prinzip: Im Frühjahr entsteht neues Leben, im Sommer verändert es sich, im Herbst stirbt es und ruht bis zum nächsten Frühling.

Egal ob es um den Kreislauf der Jahreszeiten oder um den Kreis der Wiedergeburt geht – es verändern sich nur die Formen, das Sichtbare. Das SEIN, die Kraft, die alles erschafft und alles am Leben erhält, bleibt jedoch unverändert und konstant.

Das höchste Bewusstsein erfasst diese Gesetzmäßigkeiten und kann durch Überwinden des Egos mit dem SEIN verschmelzen, aus dem Kreislauf der Wiederverkörperung befreit werden und für immer in der geistigen Konstante leben.

Die Menschen, die an der Materie haften und ihr Ego leben, bleiben solange im Kreislauf der Wiedergeburt, bis ihre Seele durch Leid und Schmerz geläutert ist und sich aus ihren Fesseln befreien möchte.

Es wird immer Menschen geben, die noch Zeit brauchen und ihre Lektionen noch lernen müssen. Die ihr Leid noch ertragen können und die Materie mit ihren fünf Sinnen noch genießen wollen, die ihren sichtbaren Reichtum nicht loslassen können und das SEIN ignorieren.

Im Geistigen spielt die Zeit keine Rolle, jeder lebt das Leben, das seinem Bewusstsein entspricht, und das SEIN macht keinen Unterschied zwischen den Seelen. Es werden immer alle durch geistige Energie am Leben erhalten.

Wir haben immer die Chance, die niedere Energie, die wir durch niedere Eigenschaften verursachen, in die hohe Energie umzuwandeln. Sobald wir unsere niederen Eigenschaften in die hohen Denk- und Handlungsweisen verwandeln, verändert sich auch unser schlechtes Karma.

Jede niedere Energie kann sofort durch eine hohe ausgeglichen werden.

Das ist das Karmagesetz, das unseren freien Willen jederzeit befähigt, sich für das SEIN zu entscheiden und dadurch den Lebenslauf zu verändern.

Unsere Lebensumstände offenbaren lediglich unsere karmische Frequenz, unsere Gedanken- und Handlungsenergien aus den früheren und dem jetzigen Leben.

Unser Karma ist wie ein Seelenportfolio aus verschiedenen Handlungsmustern. Manche sind schon so alt, dass sie tiefe Spuren in unserem Gehirn hinterlassen haben. Solange diese Muster durch ständigen Gebrauch aktualisiert werden, bleiben sie erhalten. Erst wenn ein Muster nicht mehr benutzt und als veraltet aussortiert wird, gibt es Platz für Neues.
Wenn das neue Muster aus einem höheren Bewusstsein geformt wird, hat sich das gesamte Seelenportfolio positiv verändert.
Jedes alte Muster, das aussortiert und durch ein höheres ersetzt wird, ist ein Schritt in Richtung der Bewusstseinsentwicklung, hin zur höheren Energie und zum besseren Karma.
An dieser Stelle wird es ganz deutlich, dass uns niemand diese Arbeit abnehmen kann. Wir können unser Bewusstsein und somit unsere Denk- und Handlungsmuster nur selbst verändern!
Es reicht auch nicht, Reue zu zeigen oder zu beichten. Das ganze negative Verhaltensmuster muss ausgelöscht und ausgetauscht werden. Auch wenn es ganz selten aktiviert wird, bleibt es im Seelenportfolio erhalten und lässt das Gute nicht greifen.
Manche Muster sind so fest in unserem Ego verankert, dass sie unsere Realität ganz stark beeinflussen und sogar vererbt werden können. Das bedeutet, dass diese Muster sich auf unsere Umfelder, in dem Fall auf unsere Kinder übertragen und sich dort entfalten können.

So wie der Samen des Apfelbaumes zu einem Apfelbaum heranwachsen wird, sobald er in fruchtbaren Boden fällt, so gedeihen auch die Samen unserer negativen Denk- und Verhaltensmuster in unseren Kindern. Diesen Prozess können wir, symbolisch gesehen, nur dadurch beenden, dass wir den Baum mitsamt den Wurzeln aus dem Boden herausnehmen und nicht nur die Äste zurückschneiden.

Dieses Vererbungsgesetz gilt auch für die geistigen Verhaltensmuster, die so stark vom SEIN genährt werden, dass sie alle Umfelder in blühende Gärten des Guten verwandeln können. Sie sind ein Segen für jede Seele, die mit ihnen in Berührung kommt.

Es gibt Menschen, die diesen entscheidenden Weg aus der Dunkelheit des Egos in das geistige Licht gegangen sind. Es sind Gurus, was wörtlich übersetzt bedeutet: die, die Dunkelheit in Licht verwandeln können. Es sind Meister, die das SEIN verkörpern und das Höchste offenbaren.

Wenn wir Glück, sprich entsprechend gutes Karma haben, können wir solchen Persönlichkeiten begegnen und von ihrer geistigen Weisheit begleitet werden.

Gurus haben die Fähigkeit, das geistige Licht unserer Seele wieder zu entfachen und uns durch ihr Vorbild, ihr Wissen und ihre Begleitung den Weg in die innere Freiheit aufzuzeigen. Durch ihren Segen wächst unsere innere Kraft, und wir können uns zu wahren geistigen Persönlichkeiten entwickeln.

Die Samen des höchsten Wissens, die sie in uns säen, können sich durch unser Zutun zu einer blühenden geistigen Weisheit entfalten. Diese Meister sind das Licht, das uns in der Dunkelheit dieser Welt den richtigen Weg aufzeigt.

Leider glauben die meisten Menschen nicht an etwas, was für sie nicht sichtbar ist. Sie wollen es mit ihren Sinnen erfassen können. Das ist der Grund, warum so viele Meister in ihrem materiellen Körper selbst Zeugnisse des höchsten Wissens und der göttlichen Existenz waren. Ob Jesus Christus, Buddha, Sri Yukteswar, Vivekananda, Yogananda, Babaji oder die noch lebenden Gurus – sie alle stellen uns das SEIN zur Hilfe.

»In ihm war das Leben, und das Leben war das Licht der Menschen.«

Johannes 1,4

Je mehr Licht (geistige Energie) wir durch uns durchfließen und der Welt zukommen lassen, desto mehr wird sie uns zuteil. Das ist der Überfluss, der uns als Kinder Gottes immer zur Verfügung steht. Je mehr wir im SEIN denken und handeln, desto mehr werden wir von der höchsten Energie genährt.

Wir treffen auf die Frequenzen, die wir aussenden.

Zwischen den Bewusstseinsebenen gibt es Qualitätsunterschiede, die wir gut mit dem Resonanzgesetz erklären können.

Das indische Kastensystem war ein materieller Versuch, die geistigen Bewusstseinsunterschiede darzustellen.
Doch dieses System wirkt hinter verschlossenen Türen auf der ganzen Welt.

Die Menschen, die ihre negativen Eigenschaften und ihr Ego ausleben, erfahren die Resonanzen auf ihrer Ebene. Ihre Gedankenfrequenzen sind in dem Fall die Energie, die sie formt. Sie strahlen das aus, was sie denken, fühlen oder tun, und treffen in ihrem Alltag auf die Personen und Situationen, die genauso denken, fühlen und wirken.
Sie können ihren Geist und ihre Gedanken auf große materielle Ziele ausrichten und diese auch erreichen, doch auf ihrem egoistischen Weg übergehen sie dabei oft die anderen Seelen. Diese geistigen Seelenverletzungen speichern sich dann auf ihrem karmischen Konto ab.

Auch wenn wir im Alltag Konflikte und Auseinandersetzungen haben, ist das wie ein Spiegel, der uns vorgehalten wird und zur Selbsterkenntnis verhelfen soll. Aus Unwissenheit neigen wir dazu, die Fehler immer bei den anderen zu suchen, dadurch sind wir uns des Resonanzgesetzes nicht bewusst. Wir bekämpfen aus Unwissenheit unser eigenes Spiegelbild!

Wir verstärken die Resonanz durch die Fähigkeit, uns gedanklich in ein Problem so hineinzusteigen, dass wir unwissentlich unsere Sorgen noch mehr vermehren, da wir dieses Problem durch unsere intensiven Gedanken nähren und noch größer werden lassen. Hier werden wir geistig noch von den unsichtbaren Kräften unterstützt, die uns noch zusätzlich anfeuern, sodass uns manche Sorgen sehr viel Lebensenergie kosten und über längeren Zeitraum hinweg zu Krankheiten führen. Diese starken negativen Resonanzen führen uns in die geistige Gefangenschaft.

Das gleiche Prinzip wirkt jedoch auch im Guten. Die guten Taten und Eigenschaften erfahren auch ihre Resonanz. Wir werden in unseren positiven Gedanken und liebevollen Taten genauso geistig bestärkt und unterstützt. Je höher unsere Bewusstseinsentwicklung ist, desto höher und stärker ist auch die Resonanz, die uns zum SEIN führt. Das ist der Weg in die geistige Freiheit.

Unser spirituelles Bewusstsein ist also ein geistiger Muskel, der durch das hohe geistige Wissen trainiert werden kann. Wenn er intensiv und regelmäßig durch göttliches Denken und Handeln betätigt wird, bleibt er geschmeidig und kann uns geistige Hochleistungen vollbringen lassen. Sobald das Training nachlässt, schläft der Bewusstseinsmuskel ein. Er wird unbeweglich und träge.

Ihre Bewusstseinsentwicklung entscheidet in jedem Moment, ob Sie in der SCHULE DES SEINS in die nächste Auswahlrunde kommen oder im nächsten Leben sitzen bleiben.

4. Die geistigen Werte

eim letzten Indienaufenthalt besuchten mein Mann und ich in Begleitung des Swamis Tharani einige Tempelanlagen. Unsere tiefgreifenden spirituellen Erfahrungen wurden von Tag zu Tag intensiver, bis wir im Tempel der Mother Akilandeswari in Trichy angekommen waren.

Als wir vor dem heiligen Raum im Zentrum des Tempels standen, liefen uns beiden wie von selbst die Tränen die Wangen herunter.

Es waren endlose bedingungslose Liebe, Güte und Frieden, die uns in diesem Moment getragen haben. Alles andere hatte keine Bedeutung mehr. Es war das Gefühl, endlich angekommen zu sein, alles loslassen zu können. Eine Verschmelzung mit der Ewigkeit, eine unbeschreibliche Fülle und Freude, ein lang ersehntes Wiedersehen mit unserer wahren Existenz.

»Mutter Akilandeswari berührte euer Herz!«, sagte Swami, der vorher noch nie einen Europäer an dieser Stätte weinen sah. Wir nickten.

Ja, die kosmische Mutter, wie sie in Indien genannt wird, berührte unser spirituelles Herz und zeigte uns, wie sich die Begegnung mit unseren geistigen Eltern anfühlt ...

Erziehung ist immer eine Seelenbeziehung und diese basiert auf Liebe und Vertrauen.

Es sind die göttlichen Schlüssel zur Seele, die sie für alle Informationen zugänglich und dadurch verletzlich machen.

Die Seele ist unser wahres Ich, sie ist die göttliche Fülle, sie beinhaltet alle erdenklichen geistigen Schätze (Anlagen), die sie unendlich wertvoll machen. Sie ist unser geistiges Erbrecht, das wir jederzeit antreten können. Dieses wartet nur darauf, entdeckt und genährt zu werden. Wir sind nur einen Wimpernschlag davon entfernt!

Und es sind nicht die materiellen, sondern die geistigen Werte, die unsere Seele nähren und stärken.

Wir haben den größten Reichtum, die größte Liebe, den größten Frieden, die größte Freude und das größte Glück in uns. Wir sind in unserer Seele vollkommen. Wenn wir uns mit unserer geistigen Quelle vereinen, stehen uns alle Kräfte des Universums zur Verfügung.

Ist das nicht eine faszinierende Aussicht?

Das ist das wahre spirituelle Ziel der Erziehung: mit dem SEIN wieder EINS zu werden und es zu offenbaren. Ein Ziel, das wir nur mit dem höchsten Bewusstsein erreichen können.

Ein wesentlicher Unterschied: Die egoistischen Eltern sehen ihre Kinder als Teil von sich und erziehen sie zu ihrem Bilde.

Wissende Eltern dagegen ziehen ihre Kinder groß, damit sie dem Bilde Gottes entsprechen und ihren geistigen Weg bewusst gehen können. Sie sehen ihre Kinder als ein Teil der Vollkommenheit, die sich im Kind offenbart hat.

Auch wenn wir die karmischen Zusammenhänge nicht immer gleich durchschauen können, besteht die Möglichkeit, die positive Lebensenergie zu stärken, dadurch, dass wir

allem mit Liebe und Gleichmut begegnen

und die Seele des Gegenübers immer im Blick haben. Es bewirkt die Reinigung unserer Gefühle.

- Zufriedenheit in allen Lebenslagen,
- Kontrolle der Gedanken und
- geistige Disziplin

bilden die sichere geistige Basis, um an den störenden Eigenschaften aller Beteiligten zu arbeiten. Und zwar im Jetzt!

Unsere Gegenwart, das JETZT, ist der Moment des Lebens, auf den wir uns konzentrieren und im göttlichen Sinne gestalten müssen.

Im Jetzt sich mit dem SEIN zu verbinden, bedeutet, sich nicht auf die materielle Situation zu fokussieren, die oft nicht unseren egoistischen Erwartungen entspricht, sondern auf die geistigen, unsichtbaren Zusammenhänge zu achten, die unsere spirituelle Entwicklung voranbringen wollen.

Wenn wir unsere Gegenwart materiell betrachten, verfallen wir möglicherweise in die negativen Eigenschaften der Angst, des Stolzes oder des Mitleids und sind wieder in unseren karmischen Verstrickungen gefangen.

Erkennen wir dagegen den tieferen, den geistigen Sinn unserer gegenwärtigen Situation, nehmen wir eine Entwicklungsmöglichkeit wahr, für die wir dankbar sein können.

Das Wissen über die geistigen Zusammenhänge ermöglicht uns im JETZT, in jeglicher gegenwärtigen Situation aus dem Leiden in den Frieden zu kommen.

Wenn wir im Jetzt mit der Allmacht verbunden sind, wissen wir, dass uns nichts passieren kann. Wir sind bewusst zufrieden mit der jetzigen Situation, so wie sie ist, und transformieren sie in Liebe.

Bei den Kindern können auch die verschiedenen Yoga-Übungen und die wissenschaftliche Methode der Selbstregulation (exekutive Funktionen) unterstützend dazu gezogen werden.

Regelmäßig praktiziert und reflektiert, führen diese zu körperlicher und geistiger Fitness, zu Achtsamkeit im Alltag, zu größerer Aufnahme- und Wahrnehmungsfähigkeit durch zunehmende Konzentration und zu einem ausgeglichenen Gefühlsbild.

Geht man noch eine Stufe weiter, indem man den Fokus auf die gewünschten, guten Verhaltensweisen lenkt, so tritt der Effekt der Neukodierung ein und das Kind wird immer mehr in seiner wahren Persönlichkeit gestärkt.

Die Neukodierung wirkt sich auf alle Ebenen aus:

- auf das Verhalten,
- auf die Gefühle und
- auf die Gedanken,

sodass ganz neue positive Verhaltensmuster aufgebaut und verstärkt werden können.

Studien haben gezeigt, dass die Gehirnwellen von Kindern in den ersten sechs Jahren allein aus Alpha- und Thetawellen bestehen und somit alles Gehörte, Gesehene und Gefühlte wie in einem Trancezustand direkt ins Unterbewusstsein gelangt und somit die Denk- und Verhaltensweisen für das restliche Leben prägt.

Da die oberste Kontrollinstanz des Gehirns (der dorsale Prämotorcortex) bei den Kleinkindern noch nicht vollständig entwickelt ist, existiert an der Tür zum Gehirn kein Wächter, der kritisch hinterfragt und kontrolliert, was wahr oder unwahr, richtig oder falsch ist.

Erwachsene müssten erst eine ganze Weile meditieren, um in den Alpha-Theta-Zustand zu gelangen.

Die Verbindung zum SEIN bei kleinen Kindern ist noch sehr stark, so haben sie es, mit der richtigen geistigen Unterstützung, viel leichter, die störenden karmischen Eigenschaften abzulegen und wieder in bewusste authentische Verhaltensmuster zurückzufinden.

Ihre Fähigkeit, das Geistige intuitiv wahrzunehmen, ist die ideale Voraussetzung, um das hohe spirituelle Wissen über das Sein zu empfangen.

Die natürliche Neugierde der kleinen Menschen bietet die perfekte Basis, um das Wahrgenommene umzusetzen, das Unsichtbare sichtbar zu machen, das Geistige zu offenbaren.

Es ist ein spannendes Experiment, diese geistige Verbindung ständig zu üben, das tägliche Leben daraus zu gestalten und sich die unsichtbaren geistigen »Wunderkräfte« bewusstzumachen.

So bleiben wir geistig immer online und können bei jeder Handlung, bei jedem Gedanken, bei jedem Wunsch in der großen geistigen Datenbank im Nu ein Update laden. Dieser Vergleich wäre sogar für Jugendliche verständlich.

Diese Tatsachen unterstreichen die entscheidende Bedeutung der geistig wissenden und geistig lebenden Umfelder (der spirituellen Meister) bei der Seelenentwicklung der Kinder. Es ist jederzeit möglich, ein harmonisches und entspanntes Miteinander zu leben, wenn man sich selbst im Zustand der Liebe und des Friedens befindet und keine Energie von anderen braucht.

Diesen Zustand erreichten wir durch das Wissen über die geistigen Zusammenhänge und deren Anwendung, in Achtsamkeit und Reflexion.

Dann ist es ein Kinderspiel, als spirituelles Vorbild zu wirken, denn Kinder lernen durch Nachahmen!

Sobald die meisten negativen Verhaltensmuster, dazugehörenden Gedanken, Gefühle und Wünsche aufgelöst sind, wird unser spirituelles Herz rein, es öffnet sich und füllt sich mit Liebe, der göttlichen Kraft, die uns wie ein Magnet zum Göttlichen zieht.

Es entsteht ein starker Magnetismus, der auch zwei liebende Seelen mit magischer (göttlicher) Kraft zusammenhält. Es ist die Energie, die es uns ermöglicht, die Materie und das damit verbundene Ego abzuwerfen und die wahre Erfüllung im Geistigen zu suchen.

Es bedeutet nicht, dass wir auf alles Materielle verzichten müssen! Es geht darum, dass wir innerlich, in Gedanken und Gefühlen, davon frei werden und unsere Erfüllung und unser Glück nicht mehr vom Materiellen abhängig machen! In diesem Zustand ist es nicht wichtig, ob wir Materie besitzen oder nicht, denn unsere Seele ist vom SEIN erfüllt und alle Wünsche des Herzens sind es automatisch auch.

In diesem Zustand sind wir das SEIN selbst, können es offenbaren und unsere Umfelder mit Liebe und Freude nähren, ohne auf eine Gegenleistung in jeglicher Form angewiesen zu sein.
So wie die Sonne allem Licht spendet und selbst durch die Energie des SEINS durchströmt wird.

Für Kinder ist das ein sehr verständliches Bild, da ihre Herzen noch voller Liebe sind und sie in dieser geistigen Wahrheit noch leben.

In diesem Stadium greift das geistige Wissen über das Sein und entfaltet sich in uns. Das Leben nach den kosmischen Gesetzen befähigt uns, das spirituelle Vorbild für die anderen suchenden Seelen zu sein oder so einen starken geistigen Magnetismus zu entwickeln, dass andere Seelen sich zu uns magisch hingezogen fühlen und uns geistig folgen.

Als Wegweiser können wir den anderen Seelen ihren geistigen Weg aufzeigen – ihn gehen müssen sie jedoch selbst.

Das materielle Sinnesbewusstsein setzt jedoch die materiellen Ziele voraus, die eine Person erreichen soll, um eigene Wertigkeit zu beweisen. Diese Erziehung bringt Kinder dazu, ihren eigenen geistigen Reichtum und damit auch das SEIN in sich zu ignorieren und ihr Selbst durch materielle Gegenstände zu ersetzen. Dadurch gelangen sie auf den leidvollen Weg der Täuschung und Abhängigkeit.

Die kleinen Kinder leben noch ganz stark in der geistigen Welt und müssen erst einmal (wieder) lernen, mit ihrem Körper umzugehen. Sie erforschen das neue Instrument und stellen es auf die Probe, sie untersuchen regelrecht seine Anwendungsmöglichkeiten in dieser materiellen Welt. Auf der Gefühlsebene sind sie noch voller Liebe und Freude und können ihre Umfelder sehr gut wahrnehmen und intuitiv erfassen. Deshalb heißt es so schön, dass wir wie die Kinder sein sollen: nicht denken, sondern wahrnehmen und intuitiv erfassen. Offen, fröhlich, energiegeladen, unbeschwert und neugierig sein. Immer im SEIN verankert und von ihm geleitet.

Mit den Jahren wird diese Verbindung zum SEIN durch einseitige körperliche und intellektuelle Bildung sowie fehlende geistige Ausbildung immer mehr geschwächt. Die vielen Reize der materiellen Welt überfordern alle Sinne der Kinder und überschatten spätestens im Teenageralter die wahren seelischen Bedürfnisse.

Die Seele bekommt keine geistige Nahrung und verkümmert allmählich, gleichzeitig verstärken sich die negativen Eigenschaften, Gefühle und Gedanken, um den Sinnen und dem Intellekt gerecht zu werden. Das Sinnesbewusstsein ist somit geformt und ein junger Erwachsener begibt sich auf die Lebensreise, um unbewusst wieder das zu suchen, was er in seiner Kindheit verloren hat: seinen geistigen Ursprung.

Viele junge Menschen heutzutage wissen nicht, was sie im Leben machen wollen, haben keine Ziele und keine Motivation. Sie sind mit ihren Sinnen immer in der materiellen Welt unterwegs und suchen nach immer stärkeren Kicks und immer neuen Facetten der Materie. Die neuen Medien und die virtuelle Realität, die einen sehr starken Magnetismus auf die Sinne der unwissenden jungen Menschen ausüben, führen mittlerweile schon bei Vorschulkindern zum absoluten Verlust ihrer wahren Identität. Das Aufhalten in der künstlichen Welt blockiert die Entwicklung jeglicher sozialen Kompetenz, die Fähigkeit einer Seelenbeziehung!

Da Kinder von ihrer authentischen geistigen inneren Welt nicht unterrichtet werden, stehen sie und ihre Seele unter einem großen gesellschaftlichen und familiären Druck und Stress, der durch die Erwartungshaltung und die Ängste ihrer Umfelder produziert wird. So lernen sie, sich immer mehr nach den äußeren Faktoren auszurichten, statt nach innen zu schauen.

Sie haben viele materielle Ziele und Wünsche, die sie erfüllen müssen. Auch die, die den Eltern misslungen sind, kommen oft noch dazu.

Die jungen Erwachsenen, die es gelernt haben, ihre Erfüllung in der Materie zu suchen, haben gar keine Möglichkeit, in Ruhe ihr wahres Selbst, die Seele, wahrzunehmen, geschweige denn es entfalten zu lernen.

Sie wissen nicht, wer sie geistig sind und können, aufgrund dieser Unwissenheit, mit sich selbst nichts anfangen.

Sie suchen ihre Vorbilder nach materiellen Faktoren aus und investieren ihre ganze Lebenskraft und -zeit, um diese zu kopieren. Sie sind innerlich nicht erfüllt und suchen ihre Erfüllung unwissend und vergeblich in der Materie.

Doch die Materie kann das Geistige NIEMALS ersetzen!

Erst wenn wir lernen, die geistige Fülle zu leben, sind wir frei von jeglicher Abhängigkeit und können unseren Umfeldern viel mehr Nahrung in Form von Liebe und Energie zukommen lassen.

Im Idealfall sollen die Erwachsenen die Rolle des spirituellen Vorbildes, des geistigen Gurus übernehmen und Kinderseelen aus dem Dunkel der Materie ins Licht der geistigen Realität führen. Doch dadurch, dass sie selbst in der Materie gefangen sind, können sie oft den Kindern kein wahres Licht aufzeigen. Dementsprechend vermitteln sie nur das materielle Wissen und das Leben im Sinnesbewusstsein weiter.

Dieses Buch bietet aus diesem Grund auch für Erwachsene eine Chance zur Weiterentwicklung ihres Bewusstseins – sich selbst und ihren Kindern zuliebe. Es offeriert die Chance auf ein gemeinsames Wachstum, eine gemeinsame Reflexion und auf gemeinsame Erfolge. Es ist eine Chance auf ein neues spirituelles Leben im höchsten Bewusstsein.

Begeben Sie sich gemeinsam auf eine Reise zur inneren Quelle! Es ist die größte und die wichtigste Herausforderung Ihres Lebens. Setzen Sie sich und Ihren Kindern spirituelle Ziele, lernen Sie, sich über das SEIN zu definieren, machen Sie sich Ihre geistige Wertigkeit bewusst und handeln Sie nach dem universellen Wissen. Seien Sie das Licht selbst!

5. Bewusstseinsebenen im Vergleich

Sinnesbewusstsein	Höchstes Bewusstsein
Identifikation	
- mit der Materie - mit dem Körper, dem Intellekt, den Sinnesgegenständen, dem Status	- mit der Seele - der höchsten Intelligenz, der Allmacht, dem geistigen Netzwerk
Handlung/Leben nach	
- dem limbischen System - dem logischen Denken	- der Wahrnehmung - der Intuition
Wissen über	
die materiellen Gesetzmäßigkeiten	die universellen Gesetzmäßigkeiten
Identität	
Vielfalt der Lebens-Rollen	göttliche Einheit, das SEIN
Existenz	
- Getrennt-Sein auf der Körper-Ebene, Ignoranz	- Verbunden-Sein auf der Seelen-Ebene

Unwissenheit, egoistische ICH-Haltung - negative Eigenschaften überwiegen: Angst, Stolz, Mitleid, Hass, Neid	Akzeptanz, Weisheit, ICH BIN-Bewusstsein - Liebe, Geduld, Mitgefühl, Frieden und Glückseligkeit
Entwicklung	
- erfolgt körperlich und/oder intellektuell nach den weltlichen Maßstäben - wird geprägt durch alte Muster, Wünsche, Gefühle, Gedanken und materielle Werte	- erfolgt seelisch nach dem geistigem Schöpfungsplan und den spirituellen Werten durch die Überwindung der negativen Eigenschaften und der Beseitigung des schlechten Karmas - geistige Reinigung der Gedanken
Ergebnis	
- Sinnes-Mensch - Abhängigkeit von Umfeldern - Begrenzung - Stagnation - Wiederverkörperung auf der gleichen Entwicklungsstufe	- spiritueller Mensch - Gestaltung der Umfelder - Freiheit und Energie - Innovation - Auflösung bzw. Erreichen der höheren Entwicklungsstufe

III. DIE PRAXIS

»Glaubet mir, dass ich im Vater und der Vater in mir ist.«

Johannes 14,11

1. Ruheübungen und Seelenbilder

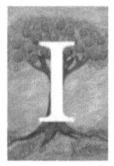ch wuchs in St. Petersburg auf, einer Großstadt mit viel Lärm und Hektik. Fast an jedem Wochenende fuhr meine Mutter mit mir in die Natur. Hier fanden wir beide die Ruhe, die uns auf wunderbare Weise verbunden hat. Ich beschäftigte mich stundenlang mit Pflanzen und Tieren. Hier konnte ich meine eigenen Vorlieben leben: Ich musste keine Erwartungshaltungen oder Vorgaben erfüllen, durfte an nichts denken und musste nichts tun. Ich konnte einfach nur SEIN!

Auch nachmittags, wenn ich nach der Schule nach Hause kam, durfte ich oft in meiner eigenen Welt verweilen. Mir wurde es nie langweilig, denn es gab so viel zu lesen, zu kreieren und zu entdecken. Obwohl ich viele Hobbys und Aktivitäten hatte, plante meine Mutter immer einige Ruhephasen ein, sodass der Terminkalender nicht ständig voll war.

In dieser Ruhe entdeckte ich mich selbst und lernte mich kennen. Diese Ruhezeiten sind ein fester Bestandteil meines Tages geworden. Es sind Momente des SEINS, die mir bis heute helfen, Kraft zu tanken und dem Stress entgegenzusteuern!

Der erste Schritt, die geistige Basis, um die Seele zu erschaffen, ist, **die Ruhe zu genießen.**

Vielen Kindern fällt es sehr schwer, sich zu beruhigen und still zu sein. Sie sind voller Energie und körperlicher Unruhe, ihre Sinne suchen ständig nach neuen Reizen; die Ungeduld und der Bewegungsdrang lassen sie bei keiner Tätigkeit verweilen. Es treten häufig Konzentrations- und Wahrnehmungsprobleme auf, die für alle Beteiligten eine Herausforderung darstellen und mit zusätzlichen Bewegungs- oder Unterhaltungsangeboten nicht behoben werden können.

Solange wir mit uns selbst nichts anfangen können, suchen wir nach Beschäftigungen außerhalb und sind aktiv, weil wir das Gefühl haben wollen zu leben.

Das wahre geistige Leben hat jedoch mit der INNEREN AKTIVITÄT zu tun. Diese kann in der RUHE und EINSAMKEIT praktiziert werden. Viele Menschen fürchten die Ruhe und Einsamkeit, weil sie die Leere ihrer Unwissenheit in sich nicht spüren möchten. Sie haben Angst sich selbst zu begegnen, ihr eigenes Spiegelbild anzuschauen.

»Mir ist es langweilig!«, sagen Kinder oft, wenn sie Unterhaltung brauchen. Es bedeutet so viel wie: Beschäftige dich mit mir! Die Antwort, die ich oft gebe, ist: »Dann langweile dich ein bisschen, das ist auch mal schön!«

Es kann durchaus sein, dass Sie mit dieser Antwort viele enttäuschte und verblüffte Blicke ernten. Es ist erstmal eine Herausforderung für ein Kind, sich mit sich selbst zu beschäftigen, mit seinen Gefühlen und Wünschen klarzukommen. Mit der Zeit wird sich ein Kind nicht mehr »langweilen«, weil es in der Außenwelt nichts Neues findet, sondern es wird die innere Welt anzapfen und eigene Ideen und letzten Endes die innere Kreativität entwickeln.

Heutzutage sind Kinder es gewohnt, ständig mit äußeren Gegenständen beschäftigt zu werden. Seien es Fernseher, Computer oder andere Unterhaltungsangebote, die Erwachsene parat haben müssen, um die Sinne der Kinder zu beschäftigen. Viel wichtiger ist es, Kinder dazu zu bringen, ihren GEIST zu aktivieren und selbst kreativ zu werden.

Die Sinne werden durch äußere, der Geist durch innere Aktivität angetrieben.

Die vielen sichtbaren und unsichtbaren Umfelder beeinflussen die Sinneswahrnehmung der Kinder. Es gilt zu lernen, nicht die äußeren, sondern die inneren Umfelder wahrzunehmen, die Stille zu hören und sich selbst zu spüren.

Auch die zurückhaltenden Kinder, die körperlich meist ruhig sein können, leben oft in innerer, geistiger Unruhe. Sie brauchen die innere Kraft, um ihren Alltag zu bewältigen. Auch sie sollen sich entspannen und spüren lernen.

Nehmen Sie sich zu Hause und auch in der Schule jeden Tag Zeit, um in eine Ruhephase zu kommen und diese zu genießen.

Es kann eine Fantasie-Reise, eine kurze Meditations- oder Atemübung sein, in der Kinder lernen, ihr Selbst, die Seele, wahrzunehmen und die Freude am Geistigen, Unsichtbaren, zu entwickeln.

Je regelmäßiger solche Ruhephasen durchgeführt werden, desto größer werden bei den Kindern die Freude und das Verlangen danach. Es dauert erfahrungsgemäß einige Zeit, bis Kinder lernen, sich komplett zu beruhigen, und sich auf längere Übungen einlassen.

Es empfiehlt sich, bei ein bis zwei Minuten anzufangen und die Zeiten, je nach Erfolg, langsam zu steigern.

Zu Hause mag es schneller gehen, da die Ablenkung nicht so groß ist. In der Schule dagegen braucht es etwas länger, bis alle Kinder lernen, zusammen zur Ruhe zu kommen.

Es ist außerordentlich wichtig, die Erfahrungen und Eindrücke nach der Meditation zu besprechen und sich gemeinsam konkrete Ziele für die nächste Übung vorzunehmen.

Im Anhang dieses Buches finden Sie einige Fantasie-Reisen, die die Autorin erfolgreich mit den Schulkindern ihrer Klasse praktiziert hat.

Weitere Atem- und Meditationsübungen sind in meinem Buch SOULFOOD zu finden.

Ruhe ist die wichtige Voraussetzung, um den Zugang zur Seele zu erschaffen. Wenn diese geistige Tür geöffnet ist, geht es darum, das wahre Wissen zu vermitteln, den Seelenraum zu füllen.

Der Weg ins SEIN lässt sich nur mit dem Herzen finden, nicht mit dem Intellekt. Es reicht, an Verbote und Gebote zu glauben, um eine gewisse Ordnung ins Geistige hineinzubringen oder zu erzwingen, es soll in diesem Seelenraum etwas Gutes wachsen und gedeihen dürfen.

Bildlich gesehen, kann die Seele mit einem Garten verglichen werden. Das Unkraut der negativen Verhaltens- und Denkmuster muss auf jeden Fall gejätet werden, doch es sollen auch die wertvollen Samen des Geistigen in den fruchtbaren »Seelenboden« gesät werden. Ansonsten verkümmert er, ohne Früchte getragen zu haben.

Diese Samen des Geistigen sind Gemütszustände und innere Seelenbilder (Archetypen), die durch Märchen, wertvolle moralische Erzählungen und Lebensbiografien von Heiligen übermittelt werden können. Solche archetypischen Bilder sind die Grundlagen der Epen vieler Völker, es sind die wahren Seelengeschichten, die die geistigen Bilder liefern und die Seele ansprechen. Sie sind wie der Regen, der den Seelengarten zum Leben erweckt und die vielen geistigen Samen aufkeimen lässt.

Nur so ist es möglich,

das Ur-Muster der Seele zu aktivieren,

die sich dann durch regelmäßige geistige Pflege und Nahrung zu den neuen bewussten Verhaltensmustern entwickeln kann, um so den Weg zum höchsten Bewusstsein zu ebnen.

Jedes Volk hat seine eigenen, in Gleichnissen verfassten Ur-Geschichten. Sie sind die Schlüssel zu den vielen »geistigen Geheimnissen« oder geistigen Gesetzen der Natur.
   Nur das reine Bewusstsein kann diese Texte richtig entschlüsseln und die Türe zum höchsten Wissen aufschließen, um die spirituelle Wissens-Bibliothek zu betreten.

Zum Beispiel geht es in der biblischen Geschichte von Adam und Eva geistig betrachtet um nichts anderes als um zwei Bewusstseinsformen. Eva symbolisiert das Sinnesbewusstsein, Adam das höchste Bewusstsein. Der Apfel ist das Symbol für die Sinnesgegenstände (die Materie) und die Schlange verkörpert die negativen Eigenschaften, die uns zu egoistischen Handlungen verführen.

Dieses Gleichnis lehrt uns: Sobald wir uns den Sinnen hingeben und von den negativen Eigenschaften verleiten lassen, verlieren wir das Geistige, das Paradies in uns, und begeben uns in die materielle Kausalität, in ein Leben gemäß dem Sinnesbewusstsein.

Das ist die Geschichte unserer Abspaltung vom SEIN, die wir leider seitdem regelmäßig vollziehen, indem wir überwiegend im Sinnesbewusstsein leben und handeln.

Wenn wir ins Paradies zurückkehren wollen, müssen wir wieder das höchste Bewusstsein erlangen und offenbaren. Negative Eigenschaften abbauen und die Sinne nach innen, zum Geistigen, richten.

Kleinkinder, die noch eine sehr starke Verbindung zum SEIN haben, tauchen gerne in die wundervolle Märchenwelt ein, die viele geistige Schätze bereithält.

Die Märchen der Brüder Grimm bieten eine Fülle an Weisheits-Gleichnissen:

Als die Königstochter den Frosch, geistig gesehen ihr Ego, gegen die Wand wirft, verwandelt er sich in einen Prinzen. So wird ein im Sinnesbewusstsein lebender Tier-Mensch seine wahre menschliche Gestalt annehmen, sprich das hohe Bewusstsein verkörpern, sobald er das Niedere, sprich seine egoistischen Eigenschaften, abgelegt hat.

Im europäischen Raum stellen die Heiligengeschichten, Fabeln, biblische Erzählungen, das Nibelungenlied, griechische Göttersagen und Biografien vieler spiritueller Meister die nötigen inneren Bilder zur Verfügung, die eine Kinderseele erwecken können.

Im indischen Sprachraum sind es heilige Schriften wie die Veden, Upanischaden und Bhagavadgita, die für die seelische Entwicklung von unschätzbarem Wert sind. Das intensive Studium dieser Schriften ermöglichte vielen indischen Meistern wie Swami Sri Yukteswar, Paramahansa Yogananda oder Swami Vivekananda, ihren Weg ins SEIN zu finden. Die praktische Anwendung dieses hohen Wissens führte sie zu ihrem geistigen Ziel.

Auch diese Meister haben viele »erklärende« Bücher verfasst, die den Erwachsenen die beste Möglichkeit bieten, die universellen Gesetze des Seins zu verstehen, das universelle Wissen zu praktizieren und ihr Bewusstsein zu erhöhen.

Im Anhang des Buches finden Sie eine von der Autorin für ihre eigenen Schüler verfasste Seelengeschichte mit dem Titel »Das goldene Tor«, die sicherlich nicht nur für Kinder, sondern auch für Eltern und Lehrer von Interesse sein könnte.

Mit dieser Geschichte habe ich in der 1. Klasse auch erfolgreich Buchstaben eingeführt – so viel zur praktischen Anwendung des geistigen Wissens.

Fühlen Sie sich aufgefordert, selbst eine Geschichte zu erfinden, wenn Sie egoistische Verhaltensweisen der Kinder verändern wollen und die üblichen Disziplinarmaßnahmen nicht greifen. Durch eine Geschichte sprechen Sie Kinder auf der seelischen Ebene an.

Nun wird es ganz deutlich, dass die materiell orientierten oder geistlosen Geschichten und Bilder, die in vielen visuellen Medien, Computerspielen, Filmen oder in vielen Büchern zu finden sind, genau das Gegenteil bewirken.

Sie stimulieren die üblichen fünf Sinne und halten uns dadurch in der materiellen Vielfalt gefangen. Sie bringen uns weg von der Einheit des SEINS. Durch die materielle Bindung der Sinne aktivieren wir die egoistischen (materiellen) Verhaltensmuster, ohne dass wir uns dessen bewusst sind.

Häufig liegt die Ursache vieler Verhaltens- und Disziplinprobleme in einem durch die Sinne beunruhigten, gereizten Geist. Doch auch

Kinder, die regelmäßigem Medienkonsum ausgesetzt sind, lassen sich mit der Zeit für Ruheübungen und Seelenbilder begeistern. Gerade die »Fernseher-Kinder« werden durch solche Übungen an ihr wahres Selbst erinnert und können nach und nach in die seelische Balance kommen. Sie spüren die wohltuende Wirkung dieser Übungen und wehren sich nicht dagegen, sobald diese zum Alltag gehören.

2. Die inneren und äußeren Umfelder

ls ich eines Morgens nach einer tiefen Meditation in die Klasse kam, waren alle Kinder ganz still. Sie strahlten und lächelten mir entgegen, als ob sie mein inneres Strahlen und Lächeln widerspiegelten. Alle waren ganz entspannt.
Es herrschte Frieden und Ruhe. Die ersten Kinder berichteten ganz leise, wie wohl sie sich in der Schule fühlten und dass sie mit einer Fantasie-Reise anfangen wollten.

Ich führte sie geistig an einen Ort, wo sie innerlich entspannen und sie selbst sein konnten.

Nun waren wir auf einer gemeinsamen Frequenz angekommen, die uns innerlich genährt hat. Wie auf Wellen eines großen Ozeans haben wir uns von ihr tragen lassen. Es gab an diesem Tag keinen Streit, keine Verletzungen, keine Hektik und Stress, keine Störungen ... nur ein liebevolles Miteinander. Eine innere Einheit.

Schon vor der Geburt bietet sich den Eltern die Möglichkeit, das Kind mit dem geistigen Wissen zu stärken. Sei es durch die körperliche Reinigung durch pflanzliche Ernährung, die Herstellung der Gefühls- und Gedankenharmonie durch Meditations- und Konzentrationsübungen oder durch die Verstärkung des Anteils an positiven Umfeldern, die Liebe und Glück spenden.

All diese Informationen fließen auf der feinstofflichen Ebene in das Bewusstsein des Kindes hinein, formen seine Zellen und Atome und nähren seine Seele. Eltern, die schon während der Schwangerschaft viel Wert auf Ruhe, Freude und liebevollen Umgang miteinander legen, haben oft ruhigere Kinder.

In vielen Familien bleibt dieses Bild nur eine Wunschvorstellung, die aufgrund bestimmter oder vieler Lebensumstände nicht realisierbar ist.

In diesem Fall folgen auch nach der Geburt bei allen Beteiligten oft seelische Missstimmungen, die eine gemeinsame karmische Vorgeschichte besonders deutlich machen.

Es sind meistens Situationen, Reaktionen, Verhaltensmuster und Charaktereigenschaften, die nicht erklärbar oder nicht verständlich sind, aber alle beteiligten Seelen belasten und ihnen dadurch Lebensenergie entziehen.

Es sind die Umfelder, die uns Energie kosten, da sie Ärger, Sorgen, Hass, Angst oder Schuldgefühle verursachen. Sie treiben uns in die Verhaltensweisen hinein, die uns selbst zuwider sind, in die Situationen, in denen wir uns nicht wohlfühlen.

Solchen Umfeldern und Ereignissen wollen wir am liebsten entfliehen und uns von ihren Fesseln befreien. Es ist ein Signal dafür, dass hier eine starke karmische Verstrickung vorliegt, die aufgelöst werden soll.

Die karmischen Ursachen lassen sich nicht schnell beheben, es muss oft geraume Zeit vergehen, bis eine gute geistige Lösung gefunden werden kann.

Dafür brauchen wir viel Liebe, Geduld, Ausdauer und Energie. Es sind die geistigen Eigenschaften, die uns in jeder schwierigen Lage Kraft geben.

Um die karmischen Herausforderungen zu bestehen und letzten Endes aufzulösen, brauchen wir also positive Energie, die unsere Seele stärkt, unser Selbstbewusstsein aufbaut und uns innere Sicherheit gibt. Das heißt, wir sollten

Umfelder schaffen, die unsere Seele nähren.

Da wir bekanntlich mit unserer eigenen Frequenz, durch unsere Gedanken, Gefühle und Taten unsere tägliche Realität erschaffen, liegt es grundsätzlich an den inneren Umfeldern, unserem Bewusstsein, ob wir glücklich oder unglücklich sind. Im Volksmund heißt es so schön: »Jeder ist seines eigenen Glückes Schmied.«

Hier geht es um die Kräfte der Seele oder der geistigen Energie, die uns jederzeit zur Verfügung stehen. Diese anzuzapfen, liegt jedoch nicht in unserer Hand, sondern in unserem Bewusstsein.

Indem wir uns selbst körperlich und geistig (innerlich) reinigen, verändern wir automatisch unsere Umfelder, da unsere Frequenz sich aufgrund der universellen Gesetze im Nu transformieren lässt. Sobald wir die Umfelder eliminieren, die uns Kraft kosten, gewinnen wir automatisch an innerer Stärke und Lebensenergie.

Die geistige Bewusstseinsreinigung braucht einen reinen Körper als Basis. Die Nahrung ist eine sehr wichtige Grundvoraussetzung für das Leben unseres Körpers. Es ist eine Information, die den Körper verändert. Zu viel tierische Nahrung, Fett und künstliche Zusatzstoffe verursachen Giftstoffe und störende Informationen im Körper und lösen folglich Krankheiten aus. Sie kosten den Körper sehr viel Lebensenergie und machen ihn unruhig.
Achten Sie auf ausreichende pflanzliche Nahrung, die leicht verdaulich und frisch zubereitet sein sollte.
Die Auswirkung der Nahrung auf das Verhalten der Kinder ist gravierend. Falsche Ernährung verstärkt Aufmerksamkeitsstörungen, Konzentrationsprobleme und körperliche Unruhe, ganz zu schweigen von den ganzen Zivilisationskrankheiten, die heute schon bei den kleinsten Kindern festgestellt werden können.

Reine pflanzliche Ernährung,

die im vorherigen Kapitel beschriebene sattvische (lebendige) Nahrung wird uns in dem Fall die notwendige körperliche Grundlage schaffen.

Der nächste Schritt ist

die Beseitigung der negativen Eigenschaften.

Die Fesseln der Seele, wie Hass, Schuldgefühle, Angst, Sorgen, Verachtung, Vorurteile, Stolz und Geltungsbedürfnis – solange wir diese negativen Frequenzen in unseren Handlungen, Gedanken und

Gefühlen zum Ausdruck bringen, treffen wir auf eine ständige negative Resonanz im täglichen Leben und in unseren Umfeldern. Sie sind die Ursachen vieler Auseinandersetzungen, Konflikte und Missstimmungen bei Kindern und Erwachsenen.

Nur durch die Beseitigung dieser kraftzehrenden Energien kann unsere Seele wieder die Oberhand gewinnen und unser Herz mit Liebe und Freude erfüllen.

Diese negativen Verhaltens- und Denkmuster sollen uns **bewusst** werden. Durch die ständige Kontrolle der Gedanken und Gefühle IM JETZIGEN AUGENBLICK sowie eine geistige Disziplin können wir dieses Übel beseitigen.

Hier können wir uns gegenseitig helfen, da unser eigenes Verhalten von unseren Umfeldern ständig widergespiegelt wird. So profitieren die Kinder von den Erwachsenen und umgekehrt. Je regelmäßiger und gründlicher wir unseren seelischen Garten jäten, desto besser können die geistigen Samen wachsen.

Hier einige Stichworte für Eltern und Lehrer:

– Je mehr Sie im Geistigen ruhen und je weniger negative Resonanzen Sie durch Ihre niederen Eigenschaften verursachen, desto ruhiger und ausgeglichener sind die Kinder in Ihrer Anwesenheit. Achten Sie darauf, dass Sie täglich die geistigen Übungen praktizieren und im Geistigen handeln, d. h. die eigenen und andere Seelen durch Taten, Worte, Blicke usw. nicht verletzen. Dies erzeugt eine gute Resonanz und beeinflusst Ihre Umfelder positiv.

– Versuchen Sie, in jeder aufregenden Situation erst einmal ruhig zu bleiben, atmen Sie ein paar Mal ein und aus, bevor Sie reagieren. Gehen Sie nicht auf störende Umfelder ein, seien Sie sich Ihrer inneren Stärke bewusst. Sehen Sie IMMER erst die SEELE des anderen, nicht die körperliche Erscheinung oder die negativen Charaktereigenschaften!

– Wenn Kinder nicht weiterwissen, wie sie sich verhalten sollen, handeln sie spontan aus alten karmischen Mustern heraus. Haben Sie Verständnis dafür und lassen Sie sich nicht von Ihren karmischen Mustern verleiten. Üben Sie IMMER, aus Liebe zu handeln. Durch Ihre Vorbildfunktion können Sie große Veränderungen in Ihren Umfeldern bewirken.

– Beobachten Sie, welche Verhaltensweisen des Kindes Sie am meisten aufregen und reflektieren Sie Ihr eigenes Verhalten. Sie handeln eventuell ähnlich und das Kind ahmt Ihr Verhalten unbewusst nach.

– Achten Sie darauf, wie Sie auf das Verhalten des Kindes reagieren, und stellen Sie fest, welche Verhaltensweisen die stärkste Resonanz, d. h. die stärksten emotionalen Ausbrüche bei Ihnen verursachen. Versuchen Sie, das Verhalten des Kindes zu verstehen oder mit Abstand zu betrachten. Dies wird Ihre Reaktionen entsprechend verändern und die des Kindes eventuell auch. Oft praktizieren Kinder, vor allem Jugendliche, bestimmte Verhaltensweisen, um eine heftige Reaktion bei den Erwachsenen zu verursachen. Wenn Sie nicht reagieren, verliert das Spiel seinen Reiz.

– Unsere Gedanken verursachen nicht nur eine materielle, sondern auch eine geistige Resonanz. Es wirken oft geistige Kräfte durch uns, die wir gedanklich, oft auch unbewusst, gerufen haben. Bei den Kindern ist das ganz oft der Fall. So wie wir immer wieder nicht »wir selbst« sind, sind es die Kinder auch nicht. Durch bewussten Umgang mit diesem Phänomen können wir die störenden geistigen Begleiter im Nu vertreiben und somit den Einfluss der unsichtbaren Energieumfelder minimieren. Erstaunlicherweise verstehen die kleinen Kinder ganz genau, was zu tun ist, wenn ich zu ihnen z. B. sage: »Schicke den Clown weg!«

3. Ego oder Liebe

iebe ist die Energie des SEINS, sie ist die Kraft, die unsere Seele nährt. Wenn wir uns mit dem SEIN identifizieren, sprich wenn wir unserer wahren Identität entsprechen, haben wir die Fähigkeit zur wahren bedingungs- und grenzenlosen Liebe. Wahre Liebe lebt aus der Fülle des SEINS und braucht keine Gegenleistung, keine Anhaftung, keine Bestätigung. Sie entsteht aus der Einheit aller Seelen im SEIN und ermöglicht eine Seelen-Beziehung in Freude und Frieden. Die wahre Liebe bedeutet Erfüllung aus dem Inneren, eine Quelle der Lebenskraft unabhängig von äußeren Lebensumständen.

Die Mutterliebe entwickelt sich auch aus der Einheit, die sich in der Schwangerschaft sehr stark in der körperlichen Unteilbarkeit zeigt. Doch diese körperliche Verbundenheit ist ein Symbol der geistigen Bindung zwischen den Seelen von Kind und Mutter, die schon vor der Geburt entstanden ist. Die meisten Mütter und die meisten Kinder tragen diese natürliche grenz- und bedingungslose Liebe in sich, doch sie wird in der materiellen Welt oft durch das Ego verzerrt.

Die stark verbreitete Identifikation mit Mutterrolle und Kinderrolle und die vielen Wünsche und Erwartungen, die damit verbunden sind, begrenzen das Miteinander auf das Sinnesbewusstsein und nähren sich nicht mehr von der ursprünglichen geistigen Bindung. Das Kind wird als Erfüllung des Lebens gesehen und die Familie ersetzt in solchen Fällen die geistige Einheit mit dem SEIN. Diese Vorstellung trennt Kinder und Erwachsene vom Geistigen und verlagert den Fokus auf das Sichtbare, das unbewusst für das Wahre, für die authentische Persönlichkeit gehalten wird. Aus dieser sichtbaren Illusion erhofft man sich die Freude und die Erfüllung und gerät unwissend in ihre Anhängigkeit.

Als Ergebnis erhalten diese Menschen keine bewusste Energie aus dem SEIN.

Die meisten Menschen und vor allem Kinder haben keinen bewussten Zugang zur höchsten Energie, die ihre Seele nährt, weil sie von ihrer Existenz einfach nichts wissen. Sie suchen sich andere Formen der »Energiegewinnung«, um ihre Sinne und ihr Ego zu nähren.

Sie versuchen, Energie unbewusst durch das Ausleben ihrer negativen Eigenschaften zu gewinnen. Darin liegt die Ursache von Missstimmungen, Auseinandersetzungen, Konflikten, Gewalt und auch von Ignoranz.

Da Eltern unwissend diese negativen Eigenschaften bei sich selbst und bei ihren Kindern für authentisch halten, sehen sie meistens auch keine Notwendigkeit, sie zu transformieren.

Mein Schüler Emil war eines der Kinder, die ständig in Konflikte verwickelt waren. Wegen jeder Kleinigkeit musste er streiten und wurde regelrecht aggressiv, bis er durch dieses Verhalten sein Recht bekam. Dabei schadete er nicht nur geistig und körperlich den anderen Kindern, sondern auch sich selbst, indem er vor Aufregung ganz rot im Gesicht wurde und vor Schreien kaum noch atmen konnte. Sein Körper zitterte und nach jeder Auseinandersetzung sackte er ganz erschöpft auf den Stuhl. Für Emils Mutter gehörte dieses Verhalten zum Alltag, sodass sie gar nicht verstehen konnte, was daran so schlimm sein sollte. Sie betitelte es schlicht und ergreifend als den »explosiven Charakter« ihres Sohnes und verlangte, dass er so angenommen wird, wie »er ist«.

Am Tag darauf fragte ich Emil: »Was war mit dir gestern los?«

Erstaunlich schnell sagte Emil: »Es war ein wildes Tier in mir. Das ist immer da, wenn ich wütend bin.«

»Magst du das Tier?«, wollte ich wissen.

»Nein«, meinte Emil ganz entschlossen, »aber ich weiß nicht, was ich mit ihm machen soll.«

»Möchtest du es zähmen lernen?«

Emil nickte.

Regelmäßige Übungen zur inneren Stärke, die Sie im Anhang des Buches finden, halfen Emil, sich seiner unsichtbaren Kraft bewusst zu werden. Bei jeder Ankündigung eines Wutanfalls lenkte ich seine Aufmerksamkeit auf die Situation und sagte: »Emil, das Tier ist wieder da.« Nach einer Weile konnte Emil seine Wut selbst registrieren und mindern. Er freute sich über jeden Erfolg und erntete die Bewunderung seiner Mitschüler.

Der kleine Junge wurde sich bewusst, dass diese negative Strategie der »Energiegewinnung« seinen eigenen Körper belastete. Emils Mutter wusste nicht, dass negative Eigenschaften nicht zum wahren Wesen von Emil gehörten und durchaus transformiert werden sollten, um seinen wahren authentischen Charakter, sein geistiges SEIN, zum Vorschein zu bringen.

Das Ego zu akzeptieren, hat nichts mit wahrer Liebe zu tun, sondern mit Unwissenheit.

Bockiges Verhalten, plötzliches unbegründetes Schreien und Weinen, verbale und körperliche Aggression, übertriebenes Bedürfnis nach Aufmerksamkeit sowie extreme Unsicherheit, Faulheit und Motivationslosigkeit haben nichts mit dem wahren Wesen der Kinder zu tun. Durch diese Verhaltensweisen verschafft sich das Ego die nötige Energie. Solange dieses Benehmen von den Erwachsenen aus Unwissenheit ignoriert, entschuldigt oder gerechtfertigt wird, verstärkt es sich und blockiert die natürliche geistige Entwicklung der Kinder.

Die negativen Eigenschaften beschreiben üblicherweise drei Charakter-Typen:

- Kind-Typ
- Herrscher-Typ
- Opfer-Typ

Die positiven Eigenschaften formen einen Typ, der als Weiser-Typ bezeichnet wird.

Der Weiser-Typ charakterisiert einen Meister, Guru oder Lehrer. Einen, der unsere Sorgen und Zweifel zerstreut und uns durch das hohe Wissen und durch Liebe den inneren Frieden schenkt. Einen Menschen, der ein gottähnliches Werk vollbringt, der sein Ego überwunden hat und allen als spirituelles Vorbild dienen kann.

Für Eltern und Lehrer kann es sehr hilfreich sein, sowohl ihren eigenen Charakter-Typ herauszufinden als auch ihre Kinder und Schüler genauer unter die Lupe zu nehmen. Das ist für alle Beteiligten die Chance, die negativen Verhaltensweisen, das seelische Unkraut, effektiver zu eliminieren.

3.1. Kind-Typ

Kind-Typ: Beherrscht die Hilflosigkeit, benötigt immer die Anderen, die für ihn entscheiden, Verantwortung übernehmen, handeln, die ihn beschützen und für ihn denken:

Typisches Verhalten	**Maßnahmen**
- Weinen, auch bei jeder Kleinigkeit - Verzweiflung, auch bei jeder Kleinigkeit - Unselbstständigkeit, benötigt ständig Anweisung - »Ich kann das nicht!« - »Ich schaffe das nicht!«	- Selbstständigkeit fördern, gemeinsam eine Lösung suchen - Verantwortung übernehmen lernen - Selbstständigkeit loben, bestärken und verbalisieren: »Du kannst das! Du schaffst das!«

Die seelischen Blockaden liegen bei diesem Typ überwiegend in den negativen Eigenschaften der Angst und Verzweiflung.

Diese Menschen fühlen sich oft alleingelassen oder verloren. Auch im späteren Leben sind sie mehrfach auf die Begleitung anderer angewiesen, da sie eine starke Schulter und viel Hilfestellung brauchen.

In diesem Fall ist es sehr wichtig, mit allen geistigen Mitteln die Kräfte der Seele zu stärken, um ihr SELBST-BEWUSST-SEIN zu entwickeln und die Fähigkeit anzulegen, das Leben aus dem Geistigen zu gestalten.

- Regelmäßige Stille- und Atemübungen
- Meditationen
- Geistige Mutproben (zielgerichtete Wahrnehmungsübungen)
- Kreative und soziale Projekte
- Wissen über die geistigen Begleiter

sind hier sehr hilfreich.

Lassen Sie das Kind jeden Tag gedanklich ein realistisches Ziel anvisieren und die geistigen Helfer (z. B. Engel) um Unterstützung bitten. Am Ende des Tages, am besten vor dem Schlafengehen, sollte ein Fazit gezogen werden. Falls das Kind sein Ziel erreicht hat, sollte es sich bei den geistigen Helfern für die Unterstützung bedanken. Falls nicht, überlegen sie gemeinsam mit dem Kind, woran es liegen könnte, und versuchen Sie es ein weiteres Mal oder korrigieren Sie das Ziel leicht.

Die zu diesem Typ passende Fantasie-Reise »Der Samen« finden Sie im Anhang.

Fallbeispiel:

Michael (sechs Jahre) ist ein sehr ruhiges, charmantes und wortgewandtes Kind, das für sein Alter aber sehr unselbstständig und unmotiviert ist.

Er nässt sich regelmäßig ein, sobald er eine Herausforderung wahrnimmt. Das beschäftigt ihn auch im Schlaf und auch nachts kommt es zu unkontrolliertem Urinverlust.

Er möchte nicht in die Schule gehen und gaukelt Krankheit oder Erschöpfung vor, um zu Hause bleiben zu können. Er hat keine eigenen Ideen und ist an allem, auch an seinen Mitschülern, desinteressiert.

Seine Mutter ist fassungslos, denn materiell wird Michael jeder Wunsch sofort erfüllt. Seine Mutter, Oma und Opa kümmern sich ständig um sein Wohlergehen und verwöhnen ihren kleinen »König«.

Im Gespräch stellt sich heraus, dass Michael nie allein gelassen und in seiner Freizeit ständig unterhalten wird. Spielzeug, Computerspiele, Streicheleinheiten oder andere Aktivitäten beschäftigen ständig seine Sinne. Er hat das Alleinsein nicht gelernt und traut sich nicht zu, eine Tätigkeit selber auszuführen. Falls er etwas anfängt, verliert er rasch das Interesse und führt so nichts zu Ende.

Sein Vater lebt als erwachsener Geschäftsmann immer noch zu Hause bei den Eltern und leidet unter ständigen Depressionen. Michael möchte seinen Vater nicht besuchen, auch wenn es nur für zwei Wochenenden im Monat ist, da er sich dort nicht wohl fühlt.

Michael erfährt zu Hause keine geistige Bildung. Im Gegenteil, seine Sinne werden regelmäßig geschult, weitere materiellen Wünsche zu generieren.

Die materielle Fülle erstickt seine Seele regelrecht. Er ist wie ein Samen, der übergossen wird und langsam zu faulen beginnt, ohne eigene Kraft zum Wachsen zu entwickeln.

Michael spürt, dass das väterliche Umfeld dieses Muster des »Nicht-Aufkeimen-Könnens« verstärkt. Die materielle Fülle, mit der seine Mutter ihre Liebe äußert, lässt seine seelische Kraft auch nicht wachsen. Das heißt, seine karmische Veranlagung wird in dieser Familienkonstellation verstärkt, die Seele kann sich nicht entwickeln.

Dies sind die Ursachen für Michaels depressive Stimmungen.

Die Lösung wäre, die geistige Einheit wieder anzusteuern und die meiste Aufmerksamkeit nach innen, zur Seele zu lenken. Die materielle Freude muss durch geistige ersetzt oder ergänzt werden. Die inneren Wünsche sollten angesprochen werden und man sollte lernen, sie zu erreichen. Dadurch würde die innere Stärke wachsen und die Seele könnte aufkeimen.

Das Wissen über die geistigen Zusammenhänge, regelmäßige Meditationsübungen und geistige Mutproben haben Michael und seiner Familie geholfen, einige Verhaltensmuster zu verändern.

Viele überflüssige materielle Werte (zu viele Spielsachen und dingliche Zeitvertreibe) wurden durch die geistigen ergänzt, sodass Michael viel Freude an sozialen Projekten, dem freundschaftlichen Miteinander und seinen eigenen Ideen entwickelte, die natürlich umgesetzt werden mussten.

Seine Angst wird durch Mut und seine Verzweiflung durch Hilfeleistungen reduziert. Jetzt hat er die Chance und die Kraft(!), sein karmisches Muster der Hilflosigkeit zu verändern und das neue göttliche Verhaltens- und Denkmuster des Mutes und Vertrauens zu entwickeln.

3.2. Herrscher-Typ

Herrscher-Typ: sehr autoritär. Bestimmt immer, macht alles richtig, ist sich in allem sicher, lässt die anderen nicht groß werden, muss immer gewinnen und delegieren, muss andere erniedrigen, besitzt immer die Macht, will immer der Größte sein, ist rechthaberisch, muss immer im Vordergrund stehen und stellt sich als Guter dar. Er weist die anderen immer zurecht und belehrt, was richtig und was verkehrt ist.

Typisches Verhalten	Maßnahmen
- Ungeduld, auch bei jeder Kleinigkeit - Verweigerung als eine Art, auf sich aufmerksam zu machen - ständiges Reinschreien, Kommentieren, Streiten, Anerkennung erzwingen - »Ich bin der Beste!« - »Ich kann das schon!«, »Ich weiß das schon!«	- Gruppenarbeit, gemeinsam eine Lösung suchen - andere zu Wort kommen lassen - zuhören lernen - verlieren lernen - eigene Schwächen zugeben lernen, andere loben lernen - Ruhe und Entspannungsübungen

Die negative Eigenschaft des Stolzes hält diesen Typ im Ego gefangen. Die Identifikation mit der Materie ist sehr stark.

Die meiste Energie und die guten Eigenschaften werden dafür genutzt, um sich in den Mittelpunkt zu stellen. Das Geltungsbedürfnis wird zur Triebfeder und zum Maßstab für das Handeln und Denken.

Es sind Menschen, die oft nicht verlieren können. Sobald sie die Gefahr des Misserfolgs wittern, greifen sie gern zu aggressiven Verhaltensmustern des Hasses und schmettern in ihrer negativen Wucht nicht nur mental, sondern auch oft körperlich alles nieder, was sich ihnen (auch mit guten Absichten) in den Weg stellt.

Die zerstörerische Kraft des Hasses vernichtet nicht nur ihre eigene Seelenkraft der Liebe, sondern verletzt diese auch in den anderen Seelen. So entsteht eine starke geistige Abwärtsspirale, die die Herrscher-Typen durch dieses lieblose Handeln zu vielen negativen karmischen Ursachen bringt.

Treffen zwei Herrscher-Typen aufeinander, ergibt sich sehr schnell eine Konfliktsituation. Da sie beide versuchen, die göttlichen Kräfte, die jeder Seele zur Verfügung stehen, für sich zu beanspruchen, entsteht Konkurrenzdenken und Konkurrenzhandeln.

Die Verhaltensmuster des Stolzes und Hasses werden womöglich noch von Neid unterstützt. »Blind vor Wut« stürzen sie sich in diesen Fluss der negativen Energie und erkennen nicht, dass sie mit ihren eigenen negativen Eigenschaften konfrontiert werden.

Auch hier wirkt das kosmische Gesetz der Resonanz, das uns unsere Blockaden aufzeigt. Hier wäre der Moment, um innezuhalten, um mit Gedankenkontrolle und Handlungsdisziplin das göttliche Muster der Liebe zu aktivieren.

Doch, von der Welle der negativen Energie mitgerissen, erkennen die Herrscher-Typen nicht, dass sie sich wiederholt für das egoistische Verhalten entscheiden.

Obwohl Herrscher-Typen ständig den Blick auf ihre Bedürfnisse, Fähigkeiten und Wünsche richten, haben sie keinen bewussten Zugang zur eigenen Seele.

Sie lassen sich nicht auf das Göttliche ein, weder in sich noch in den anderen. Sie meinen, ihr Leben nach eigener (egoistischer) Vorstellung gestalten zu müssen, suchen sich oft große materielle Vorbilder und entfernen sich dabei mit jedem Schritt noch mehr von ihrem göttlichen Weg, da sie die Wertigkeit des Geistigen nicht erkennen.

Sie verachten sogar oft in ihrer Ignoranz ihren göttlichen Ursprung und merken nicht, dass sie dadurch ihre eigene Seele zunichtemachen.

Hier ist es sehr wichtig, die Sinne von den äußeren Gegenständen nach innen, ins Geistige, zu richten und das Gegenteil der materiellen Vielfalt, nämlich die seelische Einheit, zu erforschen.

Es ist sehr wichtig:

- die Dankbarkeit, die Liebe und die Freude am SEIN zu entwickeln.
- die Ruhe, den Frieden und die Einheit fühlen zu lernen.
- das Eins-Sein mit der Natur zu erleben.
- Üben, aus dem Geistigen zu handeln, ohne etwas zu erwarten und dadurch auch geistig zu sein.

Die Fantasie-Reise »Die Wolke« im Anhang des Buches kann diesem Typ helfen, die Leichtigkeit, das Loslassen des Egos und das Mitgehen mit der Natur zu üben.

Fallbeispiel:

Julian (sechs Jahre) ist ein begeisterungsfähiger, fantasievoller und intelligenter Junge.
 Er ist immer zielstrebig und energiegeladen.
 Sobald Julian den Klassenraum betritt, kommandiert er herum und leitet die anderen Kinder zum selbstausgedachten Spiel an. Er bestimmt natürlich die Regeln, die immer zu seinen Gunsten verändert werden, sodass er immer der Gewinner ist.
 Dabei will Julian bewundert werden, feiert gerne auch sich selbst und lässt die anderen ihren Nachteil spüren.
 Bei jeder leisen Widerrede streitet er so lange, bis er die Oberhand wiedererlangt, falls ihm das nicht gelingt, setzt er es mit Gewalt durch.

Auch zu Hause hat Julian das Sagen und bringt seine Eltern raffiniert dazu, seine Wünsche zu verwirklichen, denn er ist sehr intelligent und weiß, wie er sich Vorteile verschaffen kann. Sein Hobby ist die Anhäufung materieller Gegenstände (Lokomotiven), das er exzessiv betreibt. In dieser materiellen Fülle erlebt er sich als mächtig und stark.

Auch die Fantasie-Reisen, die mit Wünschen verbunden sind, sollen ihm Reichtum und Gold bringen, auf die geistigen »Schätze« will er sich nicht einlassen, sie sind ihm zu diffus. Er weiß immer ganz genau, was er als Nächstes haben will.

Julian wacht mit einem konkreten Ziel auf und geht mit einem materiellen Wunsch ins Bett. Auch wenn er kaum Freunde hat, findet er Kameraden, die sich von seinen spannenden Ideen kurzweilig mitreisen lassen.

Falls Julian etwas mit den anderen teilt, erwartet er sofort eine Gegenleistung. Wie diese aussehen soll, entscheidet er natürlich selbst.

Immer vorlaut und ungeduldig, verpasst er keine Gelegenheit, sich in den Mittelpunkt zu stellen. Mit den anderen zusammen zu arbeiten, ist nur interessant, solange die Situation seinen Vorstellungen entspricht. Ansonsten macht er das, was er will, denn er mag sich an keine Regeln halten.

Julians Eltern bewundern seine entschlossene und selbstbewusste Art. Sie loben ihn bei jedem Erfolg und honorieren ihn, auch wenn sie nicht so viel Geld haben, durch die Erfüllung seiner materiellen Wünsche.

Die Abwesenheit von Freunden kümmert sie nicht, denn Julian ist eine starke Persönlichkeit und wird seinen Weg gehen. Er sei hilfsbereit, gut erzogen und könne sich benehmen. Zu Hause ist Julian immer aufmerksam und brav, alles hat seine Ordnung, die eingehalten werden muss. Die Eltern haben mit seinem Verhalten keine Schwierigkeiten, im Gegenteil, sie meinen, seine innovative Art würde jede Gruppe bereichern.

Auch bei diesem Elterngespräch ist es offensichtlich, dass Julians karmische Muster des »Herrscher-Seins« vom Elternhaus verstärkt werden.

Die Spirale schraubt sich immer weiter nach unten, in das Reich der Materie, sodass Julians Seele keine Chance mehr hat, dagegen zu steuern.

Sein Ego wird immer mehr gestärkt und fühlt sich bestätigt. Seine Intelligenz dient nicht seiner Seele, sondern wird zum Werkzeug seines Egos und hilft Julian, die Umfelder in seinem materiellen Interesse zu manipulieren. Er lernt, die Stärke und Macht des Sinnesbewusstseins immer mehr zu schätzen, und entfernt sich von seinem göttlichen Weg, da er seine guten Eigenschaften nur für das Materielle und nicht für das Geistige anwendet.

Auf seinem egoistischen Heldenzug verletzt er andere Seelen und erarbeitet sich dadurch ein neues negatives Karma.

Das fehlende Wissen über die geistigen Zusammenhänge und die mangelnde Einsicht der Eltern waren der Grund, dass in dem Fall leider eine seelische Weiterentwicklung aller Beteiligten unmöglich wurde.

Viele Hinweise der Lehrer, die Julian mit einem gewissen Abstand betrachten und dadurch seine Verhaltensauffälligkeiten in der Gruppe feststellen können, wollen die Eltern nicht ernst nehmen.

Dadurch, dass es zu Hause zu keinen offensichtlichen Auseinandersetzungen oder Schwierigkeiten kommt, sehen die Eltern keinen Handlungsbedarf.

Dabei wäre es nicht nur für Julian, sondern auch für seine Eltern eine große Chance gewesen, sich die karmische Familienkonstellation bewusst zu machen und eventuell zu verändern. Die Beziehungen von Herrscher- und Opfertypen werden im Leben oft als harmonisch empfunden.

Die Beteiligten sind sich meistens nicht bewusst, dass sie sich gegenseitig an negativen Verhaltensmustern bedienen und diese dadurch verstärken. Es bedarf immer einer dritten Person, in dem Fall einer Lehrkraft, die diesen Missstand in beiden Parteien aufzeigen kann, und viel geistigen Wissens und Willenskraft, um aus diesem eingespielten Handlungsmuster herauszukommen.

3.3. Opfer-Typ

<u>Der Leidende</u>: stellt sich durch sein Klagen, seine Armut, seinen Mangel, seine Schwäche usw. in den Vordergrund. Es geht ihm immer am schlechtesten, es trifft ihn immer am schlimmsten, denn er wird immer vom Schicksal bestraft, dabei verhält er sich doch gerecht.

Typisches Verhalten	Maßnahmen
- auf Meinung anderer angewiesen, »Nachäffen« - übermäßige Hilfsbereitschaft, sorgt nur für andere - übernimmt Aufgaben anderer, ohne gefragt zu werden, Anerkennung suchend - wird mit eigenen Aufgaben nicht fertig, da ständig von anderen abgelenkt - »Ich weiß nicht.«	- bei sich bleiben und eigene Aufgaben erledigen lernen. - »Was willst du, was interessiert dich ...?« - Fragen thematisieren - eigener Stärken und Fähigkeiten bewusst werden, Freude an einer Sache entdecken - sich selbst schätzen bzw. lieben lernen - loben, stärken - Ruhe- und Konzentrationsübungen

Der Aufopfernde: Der für alle und alles da ist, sich selbst in den Hintergrund stellt, nur richtig lebt, wenn er für andere denkt und handelt und sich selbst dabei vergisst. Der sich für alles verantwortlich zeigt, mehr für andere und in anderen lebt und seine eigene Persönlichkeit vergisst.

Der Frustrierte: Der Sklave, der sich hängen lässt, auf Almosen wartet, keine Verantwortung für sich übernimmt, sein Leben nicht plant, sondern nur wartet, was auf ihn zukommt.

Der Typ des Opfers verliert den Blick auf das Göttliche durch die negative Eigenschaft des Mitleides – eine Aufopferung ohne höchsten Sinn, nur um der Anerkennung willen. Hier haben wir die falsch interpretierte göttliche Eigenschaft des Mitgefühls.

Opfer-Typen sind Menschen, die sich in ihrer Tätigkeit oder in ihren Hilfeleistungen verlieren, in ihrer Aufopferung für die Sache kein Ende finden, sich damit identifizieren und dadurch wieder die Materie gegen das Geistige eintauschen.

Sie definieren ihre eigene Wertigkeit durch das Dienen der Materie in jeglicher Form.

Opfer-Typen bringen ihre gesamte Lebensenergie dafür auf, einer oder mehreren Sache(n) wie Beruf oder Verein oder einer oder mehreren Person(en) wie Familie oder Partner treu zu dienen und alles dafür zu tun. Denn nur so haben sie das Gefühl, »gut« zu sein, und nähren sich wiederum von der Anerkennung für ihre Arbeit.

Letzten Endes »opfern« sie das Göttliche, ihre Seele, da sie diese unwissend vernachlässigen, und kommen in die starke Abhängigkeit der Materie. Mit der Zeit verlieren sie das Gefühl für ihre eigene Persönlichkeit und lassen ihrer Seele keine Nahrung in Form von Liebe zukommen.

Auf Anhieb bezeichnen wir solche Menschen als selbstlos, was im geistigen Sinne sehr zutreffend ist, denn solche Personen leben nicht ihr göttliches Selbst.

Hier ist es wichtig,

- eigene seelische Wertigkeit zu realisieren,
- die Sinne nach innen zu richten und die Seele als einen großen geistigen Schatz in sich selbst zu entdecken und lieben zu lernen,
- eine geistige Basis zu schaffen, um eigene göttliche Persönlichkeit zu entwickeln.

Denn es heißt »Liebe deinen Nächsten wie dich selbst.«. Ohne die Liebe zum SEIN in uns, zur eigenen Seele, können wir keine andere Seele wirklich bewusst lieben.

Opfer-Typen sind wie der Mond, die das Licht der Sonne nur widerspiegeln und dadurch als leuchtend erscheinen. Solche Kinder sollen lernen, selbst zur Sonne zu werden und das Licht der eigenen Seele strahlen zu lassen. Wie die Sonne, die ein Segen für die Natur ist, wird für sie die eigene Seele zum Segen der göttlichen Natur sein.

Ihre eigene Seele wird ihnen ständig so viel Licht, Wärme und Energie geben, dass alle anderen Seelen automatisch mitgenährt werden. Das ist die göttliche Geste, die solche Kinder verinnerlichen sollen.

Im Anhang des Buches finden Sie die für diesen Typ entwickelte Fantasie-Reise »Die Sonne«.

Fallbeispiel:

Luca (sechs Jahre) ist ein ruhiges, aber auch ein launisches Kind.

Er sucht ständig nach Möglichkeiten, den anderen Kindern oder der Lehrkraft etwas abzunehmen. Bei jedem Hilferuf meldet er sich als Erster und ist eifrig dabei, alle »Notfälle« zu bedienen. Dabei vergisst er sofort, was er sich selbst vorgenommen hatte, und lässt alles stehen und liegen, um so schnell wie möglich parat zu sein. Nicht nur seine Handlungen, sondern seine ganze Aufmerksamkeit sind auf die anderen Kinder ausgerichtet.

Seine erste Liebe, Anna, verliert Luca für keine Sekunde aus den Augen und liest ihr jeden Wunsch von den Lippen ab.

Lucas eigene Erscheinung macht einen verwahrlosten Eindruck. Da er keinen Blick für sich hat, gehören kaputte, schmutzige Klamotten zum Normalzustand. Luca ist ständig von Chaos umgeben.

Auch seine Eltern versorgen ihn nur mit dem Nötigsten, denn Luca ist sehr anspruchslos.

Er verliert sich in den vielen Aufgaben, die er für die anderen erledigt. Für sich selbst kann er keine Ziele definieren. Er weiß nicht, was er will, kann oder mag und nimmt einfach nur das mit, was auf ihn zukommt.

Oft sitzt er ziellos und lustlos auf seinem Platz und kann mit sich selbst nichts anfangen. Ihm fehlen eigene Ideen und Antriebe, erst durch Vorgaben kann Luca seine Kreativität entfalten. Aber auch hier schaut er, wie die anderen Kinder ihre Sachen gestalten, und macht es ihnen brav nach.

Oft hat Luca keine Lust, aktiv zu werden, und klagt über schlechte Gesundheit oder Schlaf.

Seine Eltern lassen ihn trotzdem in die Schule gehen, weil seine Übertreibungen nicht der Wahrheit entsprechen. Diese mitleidserregende Haltung bringt ihm die Aufmerksamkeit der Mitschüler und der Lehrkraft. So wird sein kleinster Einsatz als große Tat anerkannt und seine »leidvolle Situation« als hilfebedürftig bewertet.

Ein Gespräch mit den Eltern gestaltet sich sehr schwierig. Zu Hause erzählt Luca begeistert von der Schule und von den vielen Taten, die er vollbringen darf. Doch seine ständig fehlenden Hausaufgaben und Schulsachen wollen die Eltern nicht verantworten.

Sie sind nicht bereit, Luca Hilfe zu leisten und zu mehr Ordnung und Achtsamkeit beizutragen.

Luca sei ein liebes, hilfsbereites Kind und soll keine weiteren Anforderungen erfüllen müssen. Sie fassen jegliche Bitte als Angriff auf und gehen bei Fragen in die Abwehrhaltung.

Lucas Eltern haben keine Zeit für »zusätzlichen Aufwand« und meinen ihren Sohn (das dritte Kind in der Familie) in jeder Hinsicht genügend versorgt zu haben. Die Eltern rechtfertigen ihre Haltung durch die vielen schwierigen Umstände und herausfordernden Situationen in der Familie.

Luca lernt zu Hause, dass alles andere wichtiger und dringender ist als seine eigenen Angelegenheiten. Dies unterstützt seine karmische Opfer-Haltung.

Da seine Eltern keine Zeit für ihren Sohn haben, muss er sich Anerkennung durch viele Wohltaten erarbeiten, was sein Verhaltensmuster noch mehr verstärkt. Luca lernt, sich selbst als wertlos zu betrachten, dadurch ignoriert er die göttliche Kraft der Seele in sich und lässt diese verkümmern. Er ist auf die anderen Seelen angewiesen, um Freude, Liebe und Einheit zu bekommen.

In diesem Fall ist es entscheidend, ob noch andere Umfelder, wie Großeltern, Verwandte oder Lehrer bereit sind, sich solchen Kindern anzunehmen, und durch viele geistige Übungen und eigene spirituelle Vorbilder den Weg zur Seele aufzuzeigen.

Nur in ständiger, intensiver und liebevoller geistiger Begleitung ist es möglich, gegen die mitgebrachten karmischen Muster zu wirken und den Willen aufzubauen, diese zu brechen.

4. Spirituelle Erziehungsformel

ir versuchen, unsere materielle Welt durch Formeln zu erfassen und durch viele Gesetze und Regeln zu kontrollieren. Egal in welchem gesellschaftlichen Bereich Menschen zusammenkommen – sie müssen sich ständig an die entsprechenden Gesetzmäßigkeiten halten.
Mittlerweile suchen wir nach einer Welt- und Glücksformel, die allgemeingültig sein sollen.

Es gehört zu unserem fest verankerten Verhaltensmuster, uns im Alltag nach diesen gesellschaftlichen Lebensformeln, nach dem materiellen Ordnungswillen, zu richten.

Falls wir gegen die materiellen Gesetze verstoßen, greift ein umfangreiches Strafsystem, das uns dieses »Nicht-Entsprechen« klar machen soll. Nichtkenntnis oder Nicht-Einverständnis schützt uns in dem Fall nicht vor Strafe.

Auch bei der Ausarbeitung dieses Systems folgte die Materie dem Geist. Die Formeln und die Gesetze wurden von Menschen mit materiellem Bewusstsein erschaffen, die aus Unwissenheit das Weltliche verallgemeinern und reglementieren wollten.

Im geistigen Bereich wirken dagegen die universellen Gesetze – Gesetze der Schöpfung, denen die ganze Natur unterliegt.

Und auch, wenn wir diese aufgrund unseres Bewusstseins nicht kennen oder ignorieren, werden unsere Handlungen immer die geistigen Folgen haben und nach universellen Gesetzen von der Allmacht »geregelt«. So wie das Gesetz des Karmas dies uns schon gezeigt hat.

In diesem natürlichen Ordnungssystem bringt eine Ursache immer eine Wirkung mit sich. Unser Leben unterliegt ständig geistigen Gesetzmäßigkeiten, die sich in der Materie offenbaren. Es gibt also geistige Formeln des Seins, die nur mit dem höchsten Bewusstsein erfasst werden können.

In der materiellen Welt legen wir großen Wert darauf, verschiedene Gesetzmäßigkeiten zu studieren und alle möglichen Prüfungen zu absolvieren, bis wir uns offiziell in einer Thematik bewegen dürfen.

Nur in der Erziehung wird es nicht verlangt. Das ist ein Bereich, der gesellschaftlich nicht geregelt ist, denn es gibt keine Ausbildung zum »Elternwerden«. Und obwohl es einen der wichtigsten Bereiche des Lebens darstellt, wird die Gesellschaft dort im Dunkel der Materie gelassen – in der Unwissenheit des Sinnesbewusstseins.

Viele Menschen machen von ihrer »Schöpferkraft« Gebrauch, ohne zu wissen, wie die geistige Schöpfung funktioniert, sprich welche universellen Gesetzmäßigkeiten dabei zum Tragen kommen.

Und sie sind sich dessen nicht bewusst, welche materiellen Folgen das mit sich bringt.

Die meisten lassen sich von ihren materiellen Sehnsüchten, Wünschen und Vorstellungen leiten und erahnen nicht, dass sie lediglich das materielle oder das intellektuelle Bewusstsein mit ihrem »Schöpferakt« offenbaren. Dementsprechend folgt die Erziehung nach materiellen oder intellektuellen Gesetzmäßigkeiten.

Der bewusste Schöpferakt setzt das universelle Wissen und das entsprechende hohe Bewusstsein voraus – die einzig wahren Elemente der spirituellen Erziehungsformel für werdende Eltern und angehende Pädagogen.

Nur die Menschen, die sich ihrer eigenen Seele bewusst sind, an ihrer Selbstverwirklichung arbeiten und ihr SEIN offenbaren, haben die nötige geistige Voraussetzung, um die neu inkarnierte Seele erzieherisch BEWUSST zu begleiten.

Schauen wir uns die wichtigsten universellen Gesetzmäßigkeiten an, die Eltern und Lehrern im Alltag zur mehr seelischer Ordnung bzw. seelischer Balance verhelfen können:

Gesetz von Ursache und Wirkung (Karma-Gesetz):

Kurz zusammengefasst:

Wenn wir aus dem egoistischen, auf die Materie begrenzten Sinnesbewusstsein handeln, vollziehen wir negative karmische Taten, die mit Leid und Schmerz für die Seele(n) verbunden sind.

Wir werden so oft mit den leidvollen Folgen unseres egoistischen Handelns konfrontiert, bis wir uns verändern wollen und diese negativen Verhaltensweisen gegen positive eintauschen.

Wenn wir das SEIN in uns wirken lassen, handeln wir aus der geistigen Fülle, was dementsprechend positive Handlungen mit sich bringt, die die seelische Freude, Liebe und Glück vermehren.

Praxis:

In der Erziehung wird das Gesetz dadurch anschaulich, dass jede Ursache, sprich jeder Gedanke, jedes Wort und jede Tat eine Wirkung erzielt, die wiederum mit einer Konsequenz verbunden ist.

Die Konsequenzen sind keine Strafmaßnahmen, sondern die Folgen einer Handlung! Dabei ist es sehr wichtig, die Handlung und die handelnde Person auseinanderzuhalten.

Eine negative, egoistische Handlung, die oft verletzend, abstoßend, erniedrigend, aggressiv oder trotzig ist, soll selbstverständlich eine Konsequenz erfahren.

Die handelnde Person dagegen, die Seele, darf aber nicht verletzt werden.

So wie die höchste Intelligenz, das SEIN, jede Seele ständig mit Lebensenergie versorgt, ohne zu unterscheiden, ob eine Person niedrige oder hohe Handlungen vollzieht, so sollen auch unsere erzieherischen Handlungen aussehen.

Das SEIN ist immer voller Liebe. Es ist die von Menschen ausgelöste Frequenz der Handlung (der Impuls), die nach dem Gesetz des

Karmas eine Wirkung erzeugt und sich manifestiert. Das SEIN bleibt davon unberührt! Sprich: Es ist nicht die Seele, die handelt, sondern der Geist. Und der Geist richtet sich wiederum nach dem Bewusstsein aus.

So dürfen wir uns auch nicht anmaßen, eine Person für eine Handlung so zu bestrafen, dass wir dadurch ihre Seele verletzen.

In dem Fall würden wir nicht die Handlungen, sondern das SEIN angehen. Wir sollen uns immer dessen bewusst sein: Es sind die »karmischen Muster«, die eine Handlung vollziehen, nicht die Seele selbst.

Es ist das Bewusstsein einer Person, das sich bei jeder Handlung offenbart, doch die Seele bleibt immer ein Teil des SEINS.

Wenn eine Konsequenz von der Seite des Erwachsenen vollzogen wird, darf sie die Basis einer Beziehung, die Liebe, nicht aufs Spiel setzen. Liebesentzug ist die schlimmste egoistische Strafe für die Seele und hat mit einer bewussten Konsequenz nichts zu tun!

Fallbeispiel:

Der kleine Tom geht in die Grundschule. Er ist sehr lebhaft und möchte ständig im Mittelpunkt stehen. Tom kann kaum auf seinem Platz bleiben und lenkt im Unterricht durch seine körperliche und verbale Aktivität seine Mitschüler ständig ab. Bekannte Konsequenzen wie Wegsetzen, Ausschließen und Ermahnen wirken bei ihm nicht.

Tom hat ein turbulentes Jahr hinter sich: Scheidung der Eltern, bei der sein Vater in Toms Anwesenheit auf sein Erziehungsrecht verzichtet hat, ein misslungener Umzug in ein anderes Bundesland, rasche Rückkehr nach Hause und ein neuer Stiefvater. All das scheint er emotional noch nicht verarbeitet zu haben.

Die regelmäßigen Gespräche mit der Mutter münden in immer neue Strafmaßnahmen zu Hause, die dazu führen, dass Tom kaum noch seine Freizeit genießen kann.

Als die Mutter eines Tages ihren Sohn von der Schule abholt, ergibt sich wieder ein Gespräch mit der Lehrkraft, die leider keine guten Neuigkeiten bezüglich des Verhaltens ihres Sohnes zu berichten hat.

Tom hat sich an dem Tag wieder geprügelt, andere Kinder getreten und musste seine Pause im Auszeitraum verbringen. Bei dieser Nachricht verändert sich das vorher so freundliche und liebevolle Gesicht seiner Mutter und sie beschenkt ihren Sohn mit einem enttäuschten, strafenden Blick.

Sie will mit ihrem Sohn nicht mehr reden, geht auf Abstand und beachtet ihn nicht mehr. Tom ist verzweifelt und weint, denn so findet er nirgendwo mehr Halt.

Die Mutter bestraft ihren Sohn mit Liebesentzug. Das ist eine Konsequenz, die sie unbewusst vollzieht, weil ihre Erwartungshaltung von ihm nicht erfüllt wurde.

Dadurch stellt sie nicht sein Verhalten, sondern seine Person in Frage und zerstört die Basis für eine Beziehung, die aus Liebe bestehen sollte. Dieser seelische Schmerz verleitet Tom dazu, sich mit aller Gewalt und Verzweiflung um eine Beziehung mit seinen Mitschülern zu reißen, um wenigstens dort etwas Halt und Zuwendung zu bekommen, was sein Verhalten aber drastisch verschlechtert und zu weiterem Liebes- und Beziehungsmangel führt.

Tom sehnt sich nach einer liebevollen Beziehung mit seiner Mutter, nach einem Menschen, der ihn so mag, wie er ist.

Die sinnvolle Lösung für die beiden wäre eine intensive gemeinsame Zeit mit viel Zuwendung und Aufmerksamkeit.

Tom soll zur Ruhe kommen und lernen, dass er von seiner Mutter so geliebt und geachtet wird, wie er ist. Um ein liebenswerter und liebevoller Junge zu sein, braucht er keine bestimmten Erwartungen seiner Mutter zu erfüllen.

Die bewusste Konsequenz ist in dem Fall der intensive Beziehungsaufbau durch liebevolle Wertschätzung.

Tipps:

Handeln Sie immer im Interesse der Seele(n) aus Liebe und Freude, ohne Erwartungshaltung. Es wird Ihnen viel leichter fallen, liebevolle Konsequenzen und Hilfestellung für jedes Kind und sich selbst zu leisten und den Fokus auf das Positive zu lenken, ohne ohnmächtig zu werden!

Machen Sie den Kindern an jedem positiven Beispiel klar, wie sich die guten Taten auswirken. Seien Sie ein Vorbild der Selbstliebe und Selbstkontrolle, seien Sie konsequent in Ihrem Handeln!

Helfen Sie Kindern und sich selbst, bei jeder Gelegenheit das karmische Gepäck abzutragen, indem Sie egoistische Gewohnheiten eliminieren. Geben Sie auch Ihre Fehler zu!

Seien Sie sich der besonderen spirituellen und kreativen Fähigkeiten des Kindes bewusst und stärken Sie diese durch regelmäßige Übungen.

Sehen Sie jede schwierige Situation als eine Chance, Ihr belastendes Karma aufzulösen. Jede mit Liebe und Freude vollbrachte Tat unterstützt Ihre seelische Weiterentwicklung.

Resonanzgesetz:

Kurz zusammengefasst:

Jeder von uns ist ein geistiger Sender und Empfänger.

Die Frequenz, die wir aussenden, trifft auf eine entsprechende Resonanz, die wiederum zu uns zurückkehrt. Im Volksmund: »So wie wir in den Wald hineinrufen, so schallt es heraus.«

Je höher unser Bewusstsein, sprich unsere Frequenz, ist, desto höher sind die Resonanzen, die wir erleben. Je niedriger die Bewusstseinsfrequenz, desto niedriger sind die Resonanzen.

Praxis:

Das Resonanzgesetz wird in der Erziehung sehr anschaulich, da es in jedem Moment unbewusst wirksam ist. Die Schwierigkeit besteht darin, sich der erzeugten und der empfangenen Resonanz bewusst zu werden!
Genau das beinhaltet die praktische Erziehungsarbeit im Alltag.
Manche Resonanzen sind sehr schmerzhaft und wirken dadurch stärker als solche, die regelmäßig unauffällig erscheinen.
Es liegt jedoch an uns, ob wir die negativen Resonanzen aufnehmen und mit der gleichen Frequenz reagieren oder uns darin üben, mit Verständnis und Ruhe zu agieren und somit die neutralisierende Wirkung zu erzeugen.
Wir lernen dadurch, auch Schmerz und Leid zu lindern, um so in unserem Bewusstsein immer weiter zu wachsen.

Fallbeispiel:

Ein Jugendlicher macht in der Klasse regelmäßig persönliche und beleidigende Bemerkungen über die neue Lehrkraft. Die Mitschüler lachen und bewundern seinen »Mut«. Vor lauter Eifer kann der Junge gar nicht aufhören, weitere Kommentare abzugeben.
Doch als er kurz Luft holen muss, nutzt die Lehrkraft die entstandene Pause und fragt ganz neutral und ruhig, ob es ihm heute gut gehe.
Die unerwartete Reaktion macht den Jungen stutzig und er sucht verzweifelt nach der nächsten frechen Aussage. Sie folgt nicht mehr so selbstbewusst.
Die Lehrkraft stellt sich direkt vor den Schüler und schaut ihm geradewegs in die Augen. Dem Jungen fällt nichts mehr ein; die Lehrkraft fragt, was ihn denn so reiten würde, ihm gehe es offensichtlich nicht gut.
Darauf erwidert der Jugendliche, dass es ihm blendend gehe, und schaut vergnügt in die Runde. Die Lehrkraft schildert ganz ruhig

das Gesehene und Gehörte und macht deutlich, dass man sich nicht so verhalten würde, wenn es einem gut ginge.

Sie fährt mit dem Unterricht fort, als ob nichts gewesen wäre, und lobt die Schüler, die sich positiv einbringen.

In den folgenden Unterrichtseinheiten hat der Jugendliche sich auch zu Wort gemeldet und wurde von der Lehrkraft gesehen und ernst genommen.

Der erste Stein des Hauses, in dem eine gute Schüler-Lehrer-Beziehung untergebracht ist, wurde erfolgreich gelegt.

Durch eine neutrale und ruhige Haltung wurde dem Schüler ein Spiegel vorgehalten.

Wäre die Lehrkraft auf die Resonanz eingegangen, hätte die negative Frequenz sich durch negative Emotionen wie Zorn oder Hass verstärkt und wäre womöglich außer Kontrolle geraten. Die Lehrkraft hat innere Stärke bewiesen und nur das Verhalten des Schülers reflektiert, seine Seele wurde nicht angegriffen. Durch die Wertschätzung des positiven Verhaltens anderer Schüler wurde die positive Resonanz in der Klasse gestärkt. Das Verhalten der Lehrkraft hat ein Exempel des bewussten Handelns statuiert.

Tipps:

Seien Sie sich Ihrer Gedanken, Worten und Taten bewusst! Sie ziehen immer die Personen und Situationen an, die Ihrer Frequenz und Ihrem Bewusstseinslevel entsprechen!

Arbeiten Sie intensiv an Ihrer Bewusstseinserhöhung und handeln Sie immer aus dem SEIN. Sehen Sie jede Lebenssituation als eine Bewährungsprobe, die Ihnen hilft, im Geistigen zu bleiben.

Kontrollieren Sie Ihre Gedanken und Handlungen, untersuchen Sie Ihre Motivation. Machen Sie sich selbst (!) bewusst, dass Gleiches sich gern zu Gleichem gesellt. So erkennen Sie sehr schnell, welche negativen Eigenschaften in Konfliktsituationen aufeinandertreffen. Wenn diese beseitigt sind, gibt es kein Konfliktpotenzial mehr!

Je mehr Liebe, Freude und Mitgefühl Sie leben und dadurch an innerer Stärke gewinnen, desto mehr liebevolle Resonanz erfahren Sie im Alltag!

Achten Sie auf Ihre Gedanken, Ihre Wünsche, Ihre Taten. Sie erzeugen ständig eine Resonanz und formen Ihre Realität.

Energieerhaltungsgesetz:

Kurz zusammengefasst:

Unser Bewusstsein bestimmt unsere Frequenz.

Unsere Bewusstseinsausrichtung, sei sie materiell oder geistig, offenbart sich ständig in der Materie. Wie im Kreislauf der Natur, so geht auch im Geistigen keine Energie verloren. Alles, was wir denken, fühlen und tun, macht uns aus!

Praxis:

Das Energieerhaltungsgesetz äußert sich in unserer »Tagesform«. Es ist die Summe unserer Gedanken, Gefühle und Taten. Unsere Umfelder können unsere unbewussten Frequenzen wahrnehmen. Unsere Schwächen machen uns unbewusst angreifbar, sie werden zur Zielscheibe unserer Umfelder. An den Reaktionen unserer Umfelder können wir jedoch unsere Frequenz »ablesen« und bewusst verändern. Sie sind unser Spiegelbild, das uns aufzeigen soll, wo die Probleme liegen.

Fallbeispiel:

Meine Kollegin Heike unterrichtet seit einigen Jahren. Oft hat sie Schwierigkeiten damit, die Klassen zu beruhigen. Der Geräuschpegel steigt in ihren Stunden immer mehr an, sodass sie es oft nicht mehr ertragen kann. Sie wird selbst laut und muss drohende Maßnahmen aussprechen – eine Reaktion, die die Schüler zum Lachen bringt.

Als Heike eines Tages wieder an ihre Grenzen gelangt und eine lachende und schwätzende Schülerin sieht, platzt ihr der Kragen und sie schreit das Mädchen an. Heike wird aggressiv, da sie merkt, dass die Schülerin sich zu wehren versucht.

Am nächsten Tag erhält die Schulleitung eine Beschwerde der Mutter des Mädchens und Heike muss sich entschuldigen.

Das Lehrer-Schüler-Verhältnis ist hiermit zerstört und beide fühlen sich nicht mehr wohl.

Schüler haben die Überforderung und den Stress bei der Lehrkraft wahrgenommen. Das spiegelt sich in ihrem Lachen und Reden wider und damit geben sie den Stress an die Lehrerin zurück. Doch die Lehrkraft sieht das Problem nicht bei sich, sondern reagiert nach dem limbischen System, indem sie sich ein zufälliges »Ventil« sucht.

Tipps:

Jede Energie, die Sie offenbaren, sei es Angst, Hass oder Liebe, wird zu Ihrem eigenen Wesen! Sie wirkt ständig auf Ihre äußeren und inneren Umfelder. Hier gilt es, die Zusammenhänge durch praktisches Handeln zu erfahren und die entsprechenden Erkenntnisse zu verinnerlichen.

Lassen Sie Ihr SEIN nicht von den Wünschen und Erwartungshaltungen der Umfelder verformen und respektieren Sie das SEIN in den Kindern.

Nähren Sie die Seele(n) durch spirituelles Wissen und Handeln.

Diese universellen Gesetzmäßigkeiten sind die wichtigsten Elemente der Grundformel der spirituellen Erziehung. Sie bilden das geistige Anfängerwerkzeug für den Alltag.

In der Praxis lässt sich dieses universelle Wissen verfeinern und individualisieren, sodass es eine große Hilfe bei der Entwicklung des Selbst-Bewusst-Seins jeder geistigen Persönlichkeit sein kann.

IV. DIE VISION

»Ich habe wohl gesagt: Ihr seid Götter und allzumal Kinder des Höchsten.«

Psalm 82,6

Die ungeahnten Möglichkeiten

inder sind wie die Zellen im Körper der Gesellschaft und gehören mit Liebe und höchstem Wissen genährt, damit die Gesamtheit vital und lebensfähig bleibt. Sie sind sprichwörtlich unser »geistiges Kapital«, das sich gesund und vollkommen entwickeln möchte.
Lassen wir sie durch falsche einseitige materielle und intellektuelle Bewusstseinsnahrung verkümmern, kommt es zu unzähligen Missbildungen und krankhaften Verformungen der heutigen leistungs- und ergebnisorientierten Gesellschaft, die von unserem Ego geprägt wurde. Hier geht es nur um materielles Wachstum, immer größere Umsatzzahlen und finanziellen Erfolg. Als Begleiterscheinung sind immer weiter steigende Selbstmordraten, Depressionen, Burnout- und Nervenkrankheitsfälle und ADS/ADHS-Symptome zu verbuchen.

Der Tanz um das Goldene Kalb wird noch unendlich viele Opfer verlangen, bis wir erkennen dürfen, dass es uns nicht weiterbringt. Die jüngste Generation zeigt schon in Ansätzen eine Konsumverweigerung. Das, was früher als elitär und erstrebenswert galt, verliert heute immer mehr an Bedeutung, da es den Menschen bewusst wird, dass die Materie allein nicht glücklich machen kann und keine persönliche Erfüllung mit sich bringt.

Die Notwendigkeit einer spirituellen Generation, bestehend aus Menschen mit Herzens- und Bewusstseinsbildung als Schlüssel zum persönlichen Glück und zur Gesundheit, ist offensichtlich.

Es bedarf Persönlichkeiten, die durch Selbsterkenntnis imstande sind, das SEIN zu offenbaren, die Fragen nach dem Sinn und Inhalt des Lebens zu beantworten und allen mit Rat und Tat auf ihrem Lebensweg zur Seite zu stehen.

Es bedarf einer spirituellen Elite, die das gelebte Wissen über die wahren Zusammenhänge des SEINS verkörpert und so das höchste Bewusstsein in der Gesellschaft prägt.

Unsere Seele ist das göttliche Erbgut, das uns schon bei der Geburt als Wegweiser für die natürliche spirituelle Entwicklung dienen kann.

Die Aufgabe der Eltern und der Lehrer besteht darin, das wiedergeborene Wesen in erster Linie in seiner seelischen Entwicklung zu unterstützen, damit das mitgebrachte geistige Kapital Früchte tragen kann. Dann haben die Kinder von heute es nicht nur dadurch besser, dass sie in der Fülle der materiellen Güter und in der Perfektion der intellektuellen Bildung aufwachsen, sondern sie besitzen darüber hinaus die ungeahnten spirituellen Möglichkeiten, sich nach ihrem geistigen Schöpfungsplan zu verwirklichen und ihr wahres Selbst zu leben.

Eltern und Lehrer, die das Wissen über die universellen Gesetze leben, können ihren Kindern und Schülern durch ihr Vorbild, ihre Weisheit und ihre liebevolle Begleitung den wahren geistigen Weg zur Selbstverwirklichung der Seele aufzeigen.

Es liegt nur in unserem Bewusstsein, ob wir unser göttliches Erbgut geistig pflegen und wachsen lassen. Und es liegt im Bewusstsein der Eltern und Lehrer, dieses Erbgut in den Kindern zu sehen und zu entwickeln. Es ist nicht das materielle oder intellektuelle, sondern das spirituelle Wissen, das solche Erziehung prägt.

Es bedeutet jedoch nicht, durch freie Erziehung das Ego zuzulassen, was das wiedergeborene Wesen in sich trägt.

Es geht hier darum, die negativen karmischen Lasten des Kindes zu entdecken und diese mit viel Disziplin in bewusste Verhaltensweisen und Lebensziele zu verwandeln.

Die wahre Erziehung besteht darin, der Seele des Kindes zu helfen, sich zu entlasten und ihr den Zugang zur geistigen Kraftquelle, zu sich selbst, aufzuzeigen. Nur dann kann die Seele wirklich frei werden. Frei von den materiellen Abhängigkeiten und den damit verbundenen egoistischen Wünschen und Gedanken.

Aus dieser Freiheit heraus kann sich die geistige Schöpferkraft der Seele richtig entfalten, und die materielle Welt wird ihr als Instrument zur Verwirklichung der geistigen Ideen dienen, genauso wie der Körper der Seele dienen soll, ihren geistigen Lebensauftrag in dieser Welt zu erfüllen. So wird die höchste Intelligenz zum Regisseur unseres Lebens, die mit der Kraft der Liebe menschlichen Willen lenkt und (unseren) persönlichen geistigen Werdegang gestaltet.

> *»Der Vater aber, der in mir wohnt, der tut die Werke.«*
> *Johannes 14,10*

Diese höchste Intelligenz wird auch zum geistigen Wegweiser einer spirituellen Persönlichkeit, der die Seele durch all die karmischen Gefahren und all die Sinnestäuschungen des Lebens hindurch bringen kann, ohne dabei den wahren geistigen Weg zu verlieren. Und wenn alle Bewusstseinsprüfungen oder geistigen Bewährungsproben bestanden und ihre karmischen Ursachen aufgelöst sind, kann die Seele gestärkt in die nächste (höhere) Bewusstseinsstufe auf dem Weg zur Vollkommenheit aufsteigen. In diesem Fall hat sie ihren Lebensauftrag erfüllt.

Das universelle Wissen ermöglicht uns einen geistigen Blick auf die Zusammenhänge des Seins. Wir sehen uns in erster Linie als ein geistiges Wesen, das aus der Einheit des SEINS stammt. Unser Erbgut besteht aus den unbegrenzten geistigen Fähigkeiten und Möglichkeiten, die wir aus der Fülle des SEINS schöpfen können, wenn wir uns mit unserem Bewusstsein auf der geistigen Ebene aufhalten. Dieses spirituelle Bewusstsein gilt es, in der Kindheit durch BEWUSSTE Erziehung zu entwickeln.

Die frühe Kindheit ist die wertvollste Zeit, um die Grundsteine der seelischen Weiterentwicklung zu legen. Hier haben wir die Möglichkeit, das geistige Kapital, die seelischen Fähigkeiten der Liebe, der Güte und der Kreativität, regelmäßig auszubauen und zu nähren.

Die geistigen Sinne, wie Wahrnehmung und Intuition, empfangen die geistigen Informationen, die wir lernen sollen umzusetzen.

Die kleinen Kinder leben unbewusst noch sehr stark in der geistigen Welt und werden dadurch sehr intensiv von der höchsten Energie genährt. Auf dieser spirituellen Basis lassen sich die störenden karmischen Verhaltensweisen schneller beseitigen, da sie noch nicht festgefahren sind. Die Unterstützung der natürlichen geistigen Kräfte hilft uns, die bewussten Handlungsweisen zu verstärken und auszubauen.

Nur dadurch, dass die positiven geistigen Muster regelmäßig geübt werden, entwickelt sich das hohe Bewusstsein des Kindes und formt seine geistige und folglich materielle Lebensrealität. Das bedeutet, das Leben des Kindes wird auf das geistige Wissen hin »programmiert«. Je eindeutiger das »geistige Programm« von der Erziehung vorgegeben und von den Umfeldern vorgelebt wird, desto schneller und tiefer greift das hohe Bewusstsein in den Alltag des Kindes ein und schmiedet das geistige Kapital des jungen Menschen für das ganze Leben.

In dem Alter bildet das Kind unbewusst seine Umfelder ab, indem es sie nachahmt. Es ist die geistige Fähigkeit, die Frequenzen durch sich wirken zu lassen, ohne das eigene Ego einzuschalten. Wenn es die egoistischen Verhaltensweisen seiner Umfelder nicht nachahmen kann, wird es sie auch nicht entwickeln können.

Deshalb ist es so entscheidend, die kleinen Kinder mit reinen Informationen und Umfeldern zu versorgen, denn sie bilden wiederum die grobstoffliche Nahrung für den Körper bzw. die feinstoffliche Nahrung für die Seele des kleinen Menschen.

Die richtige spirituelle Nahrung in der frühen Kindheit ist die Basis für die geistige Unterscheidungskraft im späteren Leben. Sie ist der geistige Magnetismus und die bewusste Stärke, die die Seele immer auf ihrem Weg leiten wird.

Die vielen Sinnesreize der materiellen und intellektuellen Welt werden keine Macht über das hohe geistige Bewusstsein der Seele entwickeln und sie in Gefangenschaft nehmen können.

Der Weg ist, durch spirituelle Bewusstseinsbildung im Kindesalter starke und weise Persönlichkeiten großzuziehen, die dann auf der Reise ihrer Selbstverwirklichung alle gesellschaftlichen Umfelder durch ihr Vorbild bereichern können und auch ihre Nachfolger entsprechend erziehen werden.

Das Bewusstsein der Gesellschaft würde sich schneller weiterentwickeln, unser geistiges Kapital würde täglich wachsen und das Glückskonto unserer Seelen Rekordzahlen verbuchen.

Im Geistigen ist alles möglich!

So wären wir auf dem sicheren Weg, unser geistiges Ziel in der

SCHULE DES SEINS dieser Erde zu erreichen.

Verwenden Sie heute schon das

Basis-Wissen für bewusste Erziehung!

V. FANTASIE-REISEN

für Erwachsene

Das Licht

chließe deine Augen und entspanne dich.
Atme tief ein und wieder aus, ein und aus ...
Mit jedem Ausatmen wirst du immer schwerer: ein und aus ...

Tauche in ein Meer voller Licht.
Sinke immer tiefer in die Wärme und Geborgenheit hinein.
Siehe, wie das Licht dich durchdringt und erfüllt.
Fühle, wie die Wärme dich durchströmt und umhüllt.
Dort erwachst du zu einem neuen Leben.
Die Liebe und das Vertrauen breiten sich in dir aus.
Jetzt bist du so voller Lichtkraft, dass du diese ausstrahlen kannst.

Lass sie überall dorthin erstrahlen, wo du etwas Gutes entstehen lassen möchtest. Zu einer Situation, einer Person, einem inneren Wunsch ...

Nähre alles mit der Energie des Lichts.
Sei das unendliche Licht selbst ...

Nun sehe die anderen Lichtstrahlen, die sich das gleiche Ziel ausgesucht haben, und verbinde dich mit ihnen.

Ihr seid aus der Einheit geboren.
Fühlt die Kraft, die euch vereint, und lasst sie aus euch strahlen.

Circa eine Minute Pause.

Wenn deine Mission zu Ende ist, darfst du zurückkehren. In ein Meer voller Licht, dorthin, wo du geboren bist. Hier kannst du ausruhen und Kraft tanken, um schon bald auf eine neue Reise zu gehen ...

Der goldene Berg

chließe deine Augen und lasse alles los, was dich beschäftigt.
Atme tief ein und wieder aus, ein und aus ...
Mit jedem Ausatmen machst du einen weiteren Schritt: ein und aus ...

Du steigst auf einen hohen, goldenen Berg, Schritt für Schritt, und alle Sorgen purzeln wie Steine herunter.
Große Brocken und kleine Brocken fallen tief ins Tal.
Verfolge sie mit deinen Augen und sehe, wie du immer höher steigst und immer leichter wirst.

Bald bist du am Gipfel des goldenen Berges angekommen – du schaust dich um und merkst, dass der Dunst des Tals dich nicht mehr erreichen kann.

Du bist ganz oben, vom Berg gefestigt, vom Himmel umhüllt.
Da ist unendliches Licht, das dich umgibt. Du spürst, wie dieses himmlische Licht, dieses Leben und diese Liebe dich durchströmen und beleben. Sie sind die Quelle alles Lebens, aller Energie, aller Kraft und durchdringen das ganze Universum.

Nun sehe in allem und auch in dir den Keim des Lichts, der auf das Höchste wartet und von ihm genährt werden möchte.

Nun lasse den Keim in dir die göttliche Energie empfangen, fühle, wie sie ihn belebt und stärkt.

Fühle, wie er aufwacht und sich an seinen göttlichen Plan erinnert. Jetzt lasse ihn gemäß dieses Plans wachsen, sich entfalten und zur Blüte kommen.

Erspüre diese Kraft, diese Liebe, dieses Licht, die deine Blüte ausstrahlt und entfaltet.

Alle dürfen sich daran erfreuen. Schenke Freude, Geborgenheit und Nahrung, denn du bist bedingungslose Liebe.

Circa eine Minute Pause.

Gebe deine Fülle nach dem Plan Gottes weiter und spüre das Glück, mit dem Göttlichen EINS zu sein. Lasse es durch dich wirken, genieße es, gebe dich hin.

Nun ist die Zeit gekommen, dass deine göttliche Blüte Früchte tragen darf. Sehe, wie prachtvoll sie sind und noch sehr lange göttliches Licht, Liebe und Kraft spenden können. Es ist vollbracht! Du hast deinen göttlichen Auftrag erfüllt, lasse dich vom Göttlichen tragen, fühle wieder die Geborgenheit des Himmels und die Festigkeit des Berges, sehe den Himmel und die Erde und bleibe dir deines wahren Wesens bewusst …

VI. FANTASIE-REISEN

für Kinder

Der Samen

ege dich hin und schließe die Augen. Du bist ganz ruhig. Atme tief ein und wieder aus, ein und aus …
Mit jedem Ausatmen wirst du immer schwerer: ein und aus …

Jetzt bist du ein Samen, der in der Erde ruht. Tief im Dunkeln ist es ganz still. Die Erde um dich herum ist warm und weich. *(Evtl. mit einer Decke zudecken.)* Du fühlst dich sehr wohl und entspannt. Genieße diese Wärme und diese Ruhe, hier bist du in Sicherheit. Schlafe noch ein bisschen.

Circa eine Minute Wartezeit.

Nun ist es Zeit aufzuwachen. Durch deinen langen Schlaf bist du stark geworden. Jetzt kannst du wachsen und groß werden.

Die Regentropfen klopfen schon an deine Samenschale. *(Mit den Fingern auf dem Gesicht die Regentropfen andeuten.)*

Die Sonne wärmt die Erde auf und will dich willkommen heißen. *(Mit der Handfläche über den Bauch streicheln.)*

Die große, bunte Welt wartet auf dich.

Recke und strecke dich und breche aus deiner engen Schale heraus. *(Kinder dürfen sich tatsächlich recken und strecken.)*

Jaaa, jetzt bist du frei! Atme die Luft tief ein und strecke dich beim Ausatmen hoch zum Himmel. Und nochmals tief einatmen und hochwachsen, noch höher, bis du den großen, breiten Himmel sehen kannst. *(Atemübung bewusst mehrmals wiederholen.)*

Schau, die Sonne schickt dir warmes Licht entgegen. *(Mit den Händen auf den Armen die Sonnenstrahlen andeuten.)*

Der Wind streichelt dich sanft. *(Mit einer Feder sanft über die Backen streicheln.)*

Alle Pflanzen klatschen mit ihren Blättern, sie freuen sich für dich.

Es gibt hier noch so viel Schönes zu entdecken und die ganze Natur wird dir helfen, noch stärker und größer zu werden.

Fühle, wie schön das ist, so stark und groß zu sein …

Jetzt öffne deine Augen und strecke dich: Mache dich so groß, wie du dich gerade gefühlt hast.

Der Schmetterling

ege dich hin und schließe die Augen. Du bist ganz still. Atme tief ein und wieder aus, ein und aus ...
Mit jedem Ausatmen wirst du immer und immer stiller: ein und aus ...

Du bist auf einer Wiese, wo viele bunte Blumen wachsen.

Schau sie dir genau an, die großen und die kleinen, in Gelb, Rot, Blau und Weiß. *(Sanft mit den Händen auf dem Rücken Blumen zeichnen.)*

Alle schauen sie zur Sonne. *(Mit den Händen auf dem Rücken Sonne andeuten.)*

Suche dir eine Blume, die du gerne sein möchtest.

Freue dich, vom Wind berührt zu werden *(ein Tuch in der Luft hin und her bewegen)* und sich in der Sonne zu wärmen.

Fühle, wie ein kleiner Käfer an dir hochkrabbelt. *(Mit den Fingern auf dem Rücken das Krabbeln andeuten.)*

Du bist so still, dass du ein Flattern hörst und fühlst, wie sanfte Flügel dich berühren. *(Sanft mit einer Feder über das Gesicht streicheln.)*

Es ist ein Schmetterling, der sich bei dir ausruhen und aufwärmen möchte.

Sei ganz still, um ihn nicht zu erschrecken.

Circa eine Minute Wartezeit.

Der sanfte Wind weckt euch auf. *(Ein Tuch in der Luft hin und her bewegen.)*

Zum Abschied schenkt dir der Schmetterling einen weichen Kokon. *(Wolle in die Hand legen.)*

Hüte und bewahre das. Es soll euer Geheimnis bleiben ...

Fühle diese Wärme immer noch in dir, auch wenn du deine Augen wieder öffnest ...

Die Sonne

ege dich hin und schließe die Augen. Du bist ganz ruhig. Atme tief ein und wieder aus, ein und aus ...
Mit jedem Ausatmen wirst du immer und immer heller: ein und aus ...

Jetzt bist du die Sonne, die die Erde bestrahlt. Du bist der große Stern, der allem Licht schenkt. *(Leichte sternförmige Bewegung auf der Stirn mit den Fingern machen.)* Jeden Tag breitest du deine Strahlen aus, um die Erde zu erwärmen. Mache dich ganz groß und stark. Fühle die Kraft, die Wärme und die Freude, die aus dir strahlen.

Schicke sie zu jeder Pflanze, zu jedem Baum, zu jeder Blume.

Zu allen Tieren und zu allen Menschen.

Suche dir jemanden aus, dem du heute besonders viel Licht schicken möchtest, und strahle es voller Kraft dorthin.

Circa eine Minute Wartezeit.

Der Himmel leuchtet mit dir auf. *(Über den Kopf streicheln.)*

Die Vögel zwitschern dir entgegen. *(Leichtes Zupfen auf den Backen.)*

Die Pflanzen recken sich nach dir. *(Kinder dürfen sich tatsächlich recken und strecken.)*

Und alle Menschen lächeln dich an.

Alle freuen sich über dein Licht.

Atme tief ein und umarme beim Ausatmen die ganze bunte Welt. Und nochmals tief einatmen und strahlen, noch mehr, bis du den großen, breiten Himmel ganz ausfüllst. *(Atemübung bewusst mehrmals wiederholen.)*

Fühle, wie schön das ist, so stark und groß zu sein ...

Jetzt öffne deine Augen und strecke dich: Mache dich so groß, wie du dich gerade gefühlt hast.

Die Wolke

ege dich hin und schließe die Augen. Du bist ganz ruhig. Atme tief ein und wieder aus, ein und aus ...
Mit jedem Ausatmen wirst du immer und immer leichter: ein und aus ...

Jetzt bist du eine Wolke, die über den Himmel gleitet. Ganz leicht und weiß. Der Wind trägt dich immer weiter, mal schneller, mal langsamer. Spüre, wie der Wind dich streichelt. *(Sanft mit den Händen über den Rücken fahren.)*

Wenn du nach unten schaust, siehst du wunderschönes grünes Land mit Wiesen und Bäumen.

Über dir scheint die große, runde Sonne. *(Einen Kreis auf dem Rücken zeichnen.)* Sie wärmt dich mit ihren Strahlen. *(Die Sonnenstrahlen auf dem Rücken andeuten.)*

Und du bist nicht alleine am Himmel: Schau mal, wie viele andere Wolken dich ganz leise begleiten!

Doch plötzlich steht ein riesengroßer Berg im Weg. Die Wolken bleiben dort hängen. Sie sammeln sich, türmen sich auf und werden immer schwerer. Nun kannst du das Gewicht auch nicht mehr halten und lässt los.

Ein Tropfen nach dem andern regnet zur Erde, alle freuen sich über dieses Geschenk des Himmels.

Doch sei vorsichtig, lasse es in kleinen Tröpfchen regnen, damit du die zarten Blümchen, Pflänzchen, Insekten und Mäuse auf den Feldern nicht verletzt. *(Leichte Regentropfen auf dem Rücken mit den Fingern andeuten.)*

Circa eine Minute Wartezeit.

Dort, wo die Bäume wachsen, kannst du größere Regentropfen fliegen lassen, denn die Bäume brauchen viel Wasser. *(Größere Regentropfen auf dem Rücken mit den Fingern andeuten.)*

Jetzt ziehst du über einen breiten Fluss. Hier kannst du ganz starken Regen niederprasseln lassen. Der Fluss wartet schon darauf, viel Wasser in die Seen und Meere bringen zu dürfen. *(Starke Regentropfen auf dem Rücken mit der offenen Handfläche nachahmen.)*

Nun bist du wieder ganz leicht und klein geworden und der Wind schiebt dich weiter – fühle, wie sanft er dich berührt. *(Sanft mit den Händen über den Rücken fahren.)*

Nur mit dem Wind kannst du immer schneller über den Himmel gleiten. Fühle, wie schön das ist, so frei und leicht zu sein ...

Jetzt öffne deine Augen und strecke dich: Mache dich so leicht, wie du dich gerade gefühlt hast.

Goldene Treppe

ege dich hin und schließe die Augen.
Atme tief ein und wieder aus, ein und aus...
(Flüstern): Es ist ganz ruhig, keine Bewegung, keine Geräusche, nur Stille!

Alles ist eingeschlafen ...

Leises Klangspiel ertönt. *(Leise Töne mit Klangspiel oder Klangschalen erzeugen.)*

Bei jedem Ton darfst du einen Schritt machen.
Du steigst die goldene Treppe hinauf.
Stufe für Stufe gehst du immer höher hinauf bis in den Himmel.
Dorthin, wo die Engel wohnen ...
Nun stehst du vor dem goldenen Tor.

Du kannst da durchgehen, aber vorher musst du alles abwerfen, was dich belastet. Alle Sorgen und Gedanken wirfst du jetzt ab!

Spreche sie ganz leise aus und werfe sie die Treppe herunter ...

Circa eine Minute Wartezeit.

Dein Ballast ist weg und du schwebst jetzt langsam durch das Tor hindurch ...

Fühle, wie schön das ist, so frei und leicht zu sein ...

Jetzt öffne deine Augen und strecke dich: Mache dich so frei und leicht, wie du dich im Himmel gefühlt hast.

Reise zu den Sternen

ege dich ganz bequem hin und schließe die Augen.
Du atmest ganz ruhig ein und aus.
Der Countdown für den Start deiner Rakete, die zu den Sternen fliegen möchte, geht jetzt los: 10, 9, 8, 7, 6, 5, 4, 3, 2, 1 und 0.

Die Rakete hebt ab und fliegt mit Lichtgeschwindigkeit in den Himmel zu den Sternen.

Suche dir einen Stern heraus, zu dem du fliegen möchtest, und steuere dahin.

Nun siehst du deinen Stern vor dir und steigst aus der Rakete heraus.

Das Licht in der Mitte des Sterns zieht dich magisch an und du läufst darauf zu.

Es wird immer wärmer und heller, du fühlst dich sehr wohl in diesem strahlenden Lichtmeer.

Breite die Arme aus und strahle jetzt mit diesem Licht, lass es durch dich hindurchfließen, bis du von ihm ganz erfüllt bist.

Nehme dir einen Lichtstrahl als Erinnerung mit auf den Weg, schließe ihn in dein Herz hinein.

Nun ist es Zeit, nach Hause zurückzukehren. Du steigst in deine Rakete und fliegst durch den dunkelblauen Himmel, an Sternen vorbei.

Das Licht wärmt dein Herz und du freust dich auf das Wiedersehen. Zu Hause angekommen, spürst du die Kraft des Lichts in dir.

Schenke es den Menschen, sodass sie voller Freude sind!

Fühle, wie gut es tut, das Licht zu teilen …

Auch wenn du jetzt die Augen aufmachst, bleibt das Licht in deinem Herzen leuchten, bewahre es zum Wohle aller Menschen.

Die innere Stärke

 ege dich hin und schließe die Augen.
Atme ganz langsam ein und wieder aus, ein und aus ...
Deine Hände sind ganz still, deine Beine sind ganz still, nur der Bauch bewegt sich ganz ruhig hoch und wieder hinunter, sogar dein Atem ist ganz leise, sodass du dein Herz hören kannst ...

Lausche in die Stille, bis du dein Herz klopfen hörst.

Circa eine Minute Wartezeit.

Spüre die Kraft, die in deinem Herzen wohnt, spüre die Wärme, die dein Herz ausfüllt ...

Lasse diese Kraft in deine Hände fließen, bis sie ganz warm werden.

Lasse diese Kraft in deine Beine fließen, bis sie ganz warm werden.

Lasse diese Kraft in deinen Kopf fließen, bis er ganz warm wird.

Circa eine Minute Wartezeit.

Dein ganzer Körper ist voller Kraft und Wärme. Spüre es in jedem Teil deines Körpers.

Es ist deine innere Stärke. Teile sie mit einem Menschen, der gerade Hilfe braucht. Schicke ihm die Kraft und die Wärme und du wirst merken, dass deine innere Stärke sich dadurch vergrößert, wenn du sie mit den anderen teilst.

Fühle, wie schön das ist, und mache es, so oft du kannst.

Jetzt öffne deine Augen und strecke dich: Mache dich so stark und groß, wie du dich im Herzen gefühlt hast.

VII. DAS GOLDENE TOR

Eine Seelenreise

n einem sehr weit entfernten Land lebte einmal ein Prinz, sein Name war Deva. Seine Eltern waren gute Herrscher, da sie ihren Reichtum an das Volk weitergaben.
Die Armen mussten nicht hungern, die Kranken waren immer versorgt. Deva kannte auch keine Not, jeder Wunsch wurde ihm gleich erfüllt.

Nun war es so weit, dass er heiraten musste. Der alte König rief ihn zu sich und sagte: »Freue dich, mein Sohn, du darfst eine Braut auswählen, die dir am Herzen liegt, denn bald kannst du mit deiner Gemahlin über unser schönes Land regieren.«

Devas Herz sehnte sich aber nach einem anderen Schatz. Eine Stimme rief ihn eines Morgens, einen gefährlichen Weg hoch ins Gebirge zu klettern, bis zu dem Gipfel. Dort lag die ganze Welt zu seinen Füßen, er sah sein ganzes Land, vom Meer bis zur Wüste und darüber hinaus.

Die Erde muss unendlich sein, dachte er, doch der Himmel ist größer. Ah, wie gerne wäre er mit den Vögeln hoch hinaus geflogen! A-A-A-A-A-A-A-A-A-H! Er atmete ganz tief ein und aus und lachte laut. A-A-A-h, was für ein toller Tag! Hier bin ich frei!!

Als es dann Abend wurde, lauschte Deva dem Wind und träumte mit den Sternen. Er schlief ein und wusste nicht, dass genau hier, wo die Erde aufhört und der Himmel beginnt, sein großes Glück wartete.

Plötzlich leuchteten die tausende Sterne ganz hell auf und wurden zu einem riesigen Licht, das alles durchflutete. Alles strahlte und funkelte in Weiß, Gold und Silber. Das Licht füllte die ganze Welt aus, es gab keine Dunkelheit mehr. Deva spürte es auch in sich, ganz stark und groß. Sein Herz jubelte. Er wurde von einem Lichtmeer getragen und hörte himmlische Klänge. Eine wunderschöne Lichtgestalt schwebte hervor, ein Lichtkleid aus Sonnenstrahlen, eine Krone aus Sternenfunken tragend.

Ungeduldig sprang er auf, um sie zu fassen ... und wurde wach. Immer noch wärmte ihn im Inneren das himmlische Licht, so wusste er, wonach er suchen wollte.

Deva war schon am Fuß des Berges, als die Sonne hoch am Himmel stand und die Erde wärmte.

»Liebe Sonne, du wanderst den ganzen Tag am Himmel, gewiss kannst du mir sagen, wo ich die Lichtprinzessin finden kann.«

»Oh ja, den Schatz des Himmels suchst du. Viele tausende Menschen haben dies schon versucht, doch keiner konnte ihn bis jetzt bekommen. Sie verzweifelten auf ihrem Weg und konnten die unendlichen Hürden nicht überwinden. Um das Licht zu finden, musst du das goldene Tor am Ursprung der Welt durchschreiten. Ein großes Herz brauchst du und viel Mut! Gelingt es dir, bekommst du alles, scheiterst du, wird dein Leben leidvoll enden.«

»Ohne Licht ist mein Leben jetzt schon leidvoll. Sage mir, wo ich suchen soll.«

»Höre auf die Stimme deines Herzens und spüre das Licht in dir, dann wirst du deinen Weg nicht verfehlen. Je näher du an das Tor kommst, desto größer wird das Licht in deinem Herzen sein.«

»Oh, Sonne, ich strahle vor Freude!«

Deva wanderte über Berge und Täler, durch Wälder und Flüsse wie von unsichtbarer Hand geführt. Nichts war ihm zu schwer, nichts war ihm zu gefährlich, da er nur an das Licht dachte. Seine Kleidung war zerrissen, sein Magen knurrte. Jetzt sah er einem Bettler gleich. Nachdem die Sonne vom Himmel verschwand, beleuchtete der Mond seinen Weg.

Doch an einem Abend breitete sich die Dunkelheit schnell aus und dicke Wolken verdeckten alles Licht. Kalter Wind und starker Regen waren die einzigen Begleiter. Der Prinz wusste nicht mehr, wo er war, seine Augen konnten nichts mehr erkennen, seine Ohren hörten unheimliche heulende Rufe und düsteres Knacken, sein Herz war erstarrt vor Furcht.

»U-U-U-H-U-U! U-U-U-H-U-U! U-U-U-H-U-U!« Der Laut wiederholte sich drei Mal.

Er spürte, dass ihn etwas aus dem Dunklen beobachtete. Mit den Händen nach Bäumen tastend, versuchte er wegzulaufen. Doch plötzlich stolperte er und fiel in die Erde, tief und immer tiefer in die Dunkelheit.

»U-U-U-H-U-U-U! U-U-U-H-U-U! U-U-U-H-U-U!«

Als Deva seine Augen aufmachte, war er von dunklen Schattenriesen umkreist. Diese tanzten zu Feuerrhythmen und sangen ihre dunklen Lieder:

»Neuen Diener haben wir,
Schwach und ängstlich ist er,
Feuern wir ihn an,
Dass er ewig dienen kann ...«

Das Feuer funkelte und flackerte dunkelrot, gelb und lila an den Steinwänden entlang, die Schattenriesen mit ihren enorm großen Hämmern und Blasebälgen zauberten mächtige Flammen und zündeten Fackeln an.

Ein schwarzes Wesen mit goldenem Schimmer und einer bunten Kristallkrone befahl, mit dem Gesang aufzuhören. Es ging direkt auf Deva zu. Die Schattenriesen verneigten sich bis zum Boden und riefen ehrfürchtig: »O, ewig dunkle Königin Maya! Wir sind deine treuen Diener!«

»Ich fühle meinen Gemahl, wie er voller Angst und Sorge verzweifelt. So gefällst du mir, komm näher! In drei Tagen wollen wir unsere Hochzeit feiern! Bis dahin sollst du gieriger und zorniger werden. Heute zeige ich dir mein erstes Geheimnis.«

Kaum feuerte Maya Blitze aus ihren Händen, schob sich die dicke Steinwand zur Seite und öffnete einen unendlichen Kristallsaal. In allen erdenklichen Farben und Größen funkelten und glänzten die Kristalle um Deva herum.

»Jeder Wunschkristall gehört einem Menschen. Je mehr Wünsche dieser Mensch hat, desto größer wird sein Kristall und desto reicher macht es mich.

Auch wenn die Menschen im Alter die Erde verlassen, müssen sie wiederkehren, solange der Wunschkristall existiert, weil sie ihre Wünsche nicht loslassen können. So dienen sie mir ewig und werden nie frei.«

»Zeige mir meinen Wunschkristall!«, schrie Deva ungeduldig. Maya zeigte auf einen menschengroßen, grünen, kantigen Kristallblock.

»Du bist auch mein Diener. Nur wenn du es schaffst, ab jetzt keine Wünsche mehr zu haben, wird sich dein Kristall Tag für Tag etwas verkleinern. Aber es wäre doch schade, so einen wunderschönen Stein verschwinden zu lassen. Wünsche dir doch schnell was!«

Deva wurde von seinem Kristall so verzaubert, dass er sich sofort gewünscht hatte, das Lichtwesen wiederzusehen. Kaum hatte er das gedacht, wuchs das Kristall vor seinen Augen und es schmerzte in seiner Seele.

»Nicht jeder Wunsch wird sofort erfüllt«, sprach Maya. »Aber wenn du deinen Wunsch öfters wiederholst, kann er in Erfüllung gehen. Mach's noch mal!«

Sie verwandelte sich blitzschnell in eine Natter und schlängelte sich um Deva, bis er kaum Luft bekam und Angst fühlte.

»Morgen erfährst du das zweite Geheimnis«, zischte sie und verschwand zwischen den Steinen.

Kaum feuerte Maya am zweiten Tag Blitze aus ihren Händen, schob sich die dicke Steinwand zur Seite und öffnete die Sicht auf einen unendlichen Goldsaal. Eine goldene Welt schimmerte und strahlte um Deva herum, soweit sein Auge reichte. In der Mitte stand eine goldene Gans.

Jeder, der ihre Federn streichelte, konnte sie nie wieder vergessen.

»Das ganze Leben jagen die Menschen nach Gold und Geld. Je länger sie jagen, desto gieriger und geiziger werden sie. Mit Gold sind sie reich und machtvoll, sie können alles tun und lassen, was sie wollen. Jeder will ein Herrscher sein! Mit der Zeit beherrscht aber das Gold und Geld die Menschen und wenn sie im Alter die Erde verlassen, müssen sie wiederkehren, solange das Gold existiert, weil sie es nicht loslassen können. So dienen sie mir ewig und werden nie frei.«

»Warum sehnen sich die Menschen nach Gold?«, flüsterte Deva.

»Weil sie anderen Reichtum nicht kennen. Es gibt auch nichts Schöneres als Gold. Schau, wie es leuchtet und strahlt! Lass dich davon blenden und streichle die goldene Gans!«, befahl Maya.

Als Deva erschrocken aus dem Saal rannte, verwandelte sich Maya in einen zornigen Blitz und sauste um Deva herum, bis er zitterte und sich ängstigte.

»Morgen erfährst du das dritte Geheimnis«, zuckte sie und verschwand.

Kaum feuerte Maya am dritten Tag Blitze aus ihren Händen, schob sich die dicke Steinwand zur Seite und öffnete einen unendlichen Wassersaal. In der Mitte war eine Quelle, die den Wassersaal immer weiter füllte.

»Viele Menschen fühlen sich allein und verlassen, weil sie sich nur um sich kümmern. Sie haben große Angst und viele Sorgen. Je mehr Angst und Sorgen sie haben, desto mehr müssen sie leiden und trauern. Jede von Menschen vergossene Träne fließt in dieses Tränenmeer. Jeden Tag wird mein Tränenmeer voller. Auch wenn die Menschen im Alter die Erde verlassen, müssen sie wiederkehren, solange das Tränenmeer existiert, weil sie ihre Ängste nicht besiegen können. So dienen sie mir ewig und werden nie frei.«

»Und warum können die Menschen ihre Angst nicht besiegen?«

»Weil sie die Quelle der Kraft nicht kennen. Diese Quelle des Leidens ist sehr mächtig, schau, wie tief sie ist! Spring herein und lasse dich taufen!«, befahl Maya.

Sie verwandelte sich in einen wütenden Wind, verwirbelte die Wellen und drehte sich danach zu Deva um, bis er ins wogende Wasser tauchte und sich ängstigte.

Es schien für Deva alles verloren zu sein, denn am nächsten Tag wollte Maya die Hochzeit feiern. Sie bereitete das große Fest vor, lud ihre besten Freunde ein: Hass, Neid, Gier und ihre Gemahlinnen Trauer, Angst und Stolz standen als Erste auf der Gästeliste.

Als die Nacht kam, konnte Deva kein Auge zumachen. Verzweifelt, verängstigt und erschöpft weinte er um sein Leben. Ah, wie schön wäre es, sich wieder in der Sonne zu wärmen, mit den Vögeln zu singen und in seinem Königreich zu leben! Ob er irgendwann überhaupt noch Licht sehen würde? Sein Herz schmerzte vor Trauer. Nun war er auch einer derjenigen, die auf der Suche nach der Lichtprinzessin scheiterten.

Deva schloss nochmals seine Augen, um sich an die wunderschöne Lichtgestalt erinnern zu können. Ein leuchtender Stern vom Himmel wärmte plötzlich seine Hand. Großes, goldenes Licht breitete sich durch die ganze Höhle und wurde zu einem Engel.

»Die Königin des Lichts schickt dir Hoffnung und Freude. Du kannst für die dunkle Maya unsichtbar werden. Wenn du ab sofort in allem, was dir begegnet, nur das Gute erkennst, immer an das Licht denkst und Liebe in deinem Herzen trägst. Das Licht und die Liebe machen dich mutig und stark, sodass du im Guten alles besiegen wirst und das goldene Tor erreichst. Wenn du aber zweifelst, trauerst oder Angst verspürst, bist du sofort für die Maya sichtbar und musst in ihr Reich zurückkehren. Spüre die Liebe und folge deinem Herzen! Denke an das Licht! Die Königin des Lichts und alle Himmelsengel sind immer bei dir!«

Kaum waren die letzten Worte ausgesprochen, flatterte ein kleiner roter Flammenvogel anstelle des Engels über Devas Kopf und flog zu dem Feuersaal.

Dort fegten und packten die dunklen Schattenriesen die Kohle in ihre Rücksäcke, um sie hinauszubringen. Rasch versteckte sich Deva im großen, schwarzen Kohleberg und wurde in einen der Rücksäcke eingepackt.

»Heute gehen wir raus, morgen gibt's ein Hochzeitschmaus!«, sangen die Schattenriesen und machten ihre Riesenschritte, sodass die Erde bebte und Steine purzelten.

Im dunklen Wald schütteten sie mit beiden Händen ihre Säcke aus und rissen die Tannen mitsamt der Wurzel aus der Erde.

> *»Aus den Tannen wird ein Feuer,*
> *Da braten wir ein Ungeheuer!*
> *Einen Drachen fangen wir,*
> *das große, dunkle Hochzeitstier!«*

Plötzlich donnerte es. Zwei dösige Augen und dicke Tatzen bewegten sich im Dunkeln, ein riesiger, schuppiger Körper reichte bis zum Himmel. Der dröhnende Drache spuckte eine Feuerwolke nach der anderen. Furchteinflößend war sein Anblick.

Doch den Schattenriesen schien das Feuer nichts auszumachen. Sie umkreisten den Drachen und richteten die Spitzen ihrer riesigen Speere auf ihn.

Unser Prinz spürte die Kraft des Lichts in seinem Herzen, die ihn stark und mutig machte. Auf keinen Fall konnte er zulassen, dass einem Tier etwas Böses zustieß. Rasch sprang er auf und rief lautstark nach den Schattenriesen. Diese drehten sich überrascht um, doch sie sahen nichts außer Licht. Geblendet irrten und krochen sie herum.

Wie ein Jockey kletterte Deva auf den Drachen und jubelte, als dieser mit seinem schuppigen Schwanz die Schattenriesen wegfegte. »Juchhe!«

Devas Liebe rettete den Drachen und ein Drachenkind, das hinter den Bergen auf seine Mutter wartete.

»Deine gute Tat will ich dir nie vergessen«, sprach der Drache. »Immer wenn du mich brauchst, klatsche dreimal in die Hände.«

An diesem Tag schlief Deva glücklich und furchtlos unter einer alten Tanne. Sie thronte auf einem weichen Moosteppich und weckte unseren Prinzen mit funkelnden süßen Tautropfen, die von den Ästen fielen.

Lange wanderte er am Waldrand entlang auf einer grünen Wiese, singende Vögel und duftende Blumen waren seine Begleiter. Da freute sich sein Herz und nichts sehnlicher wünschte er sich, als für immer glücklich und frei zu sein. Als er so wanderte, stand auf einmal ein Hirte auf dem Weg. Ein alter Man mit weißen Haaren, langem Mantel und einem Hirtenstock lächelte ihm zu.

»Ganz lange warte ich schon auf dich, Deva«, sprach der Hirte.
»Du weißt, wie ich heiße, alter Mann?«, wunderte sich der Prinz.
»Kennst du auch den Weg zum goldenen Tor?«
»Aber gewiss, mein Sohn. Komm mit und lass dir etwas zeigen.«
Der alte Mann erzählte Deva, dass ein junges Schäfchen in der Nacht verschwunden war.
»Es lief wohl in das Labyrinth hinein und findet keinen Weg mehr hinaus. Nur du kannst mir helfen.«
»Wie groß ist das Labyrinth?«, fragte Deva.
»Viel größer, als du dir es vorstellen kannst und es führt nur ein einziger Gang hinein und wieder hinaus. Du schaffst es nur, wenn du die Stille hören kannst und auf das Licht in deinem Herzen vertraust. Kaum hast du Zweifel oder Angst, wirst du dich verlaufen und nie dort herauskommen. Ich warte hier auf dich.«
Nun verschwand unser Prinz in dem dunklen Labyrinth, das viele Gänge hatte.

Viele Tage vergingen, aber der alte Mann saß immer noch an der gleichen Stelle und lächelte. Auf einmal stand Deva vor ihm und überreichte ihm das kleine Schäfchen.

»Nun ist dein Herzenslicht ganz stark, mein Sohn, und deine guten Taten sind dein größter Schatz. Jetzt findest du bestimmt den Weg zum goldenen Tor.«

Kaum ausgesprochen, verschwand der alte Mann, und Deva machte sich auf den Weg.

Bald kam er zum Meer, das tief und unruhig war. Aus Sonnenstrahlen wob Deva das goldene Segel, das ihn blitzschnell zum anderen Ufer bringen sollte.

Als die Nacht sich über dem Meer ausbreitete, kam der Mond und murmelte schöne Lieder. Er spiegelte sich im Meer mit mildem Licht wider.

Viele Tage dauerte die Reise übers Meer. Devas Herz war voller Licht und Freude, sodass ihn nichts mehr erschrecken konnte. Er glaubte ganz fest daran, dass am anderen Ufer ganz großes Glück auf ihn wartete und bald sah er tatsächlich neues, in Sonnenstrahlen flimmerndes Land.

Das Glücksland war erfüllt mit Lachen von schönen, freundlichen Wesen, die tanzten und feierten. So schwebte unser Prinz auch auf einmal in der Luft und hörte die wunderschöne Musik der Natur. Hier gab es alles im Überfluss: funkelnde Steine, bezaubernde Blumen, zahme Tiere und ganz viele riesige, goldschimmernde Pilze. Die Glückswesen nannten sie Glückspilze.

»Es ist wunderbar, dass du uns besuchst«, sprachen die Glückswesen, »bleibe bei uns und dir wird es an nichts mangeln.«

Dieses Land hatte keinen König, alle waren eine große Familie, freundlich und hilfsbereit zueinander, und jeder hatte alles, was er brauchte. Diese Wesen waren einfach wunschlos glücklich. Tag für Tag genoss Deva sein Leben in Hülle und Fülle und die Zeit verging schnell. Bald schien er vergessen zu haben, warum er hierhergekommen war.

Glücklicherweise klatschte er einmal beim Tanzen aus Versehen dreimal in die Hände. Und, wer hätte es gedacht, der große Drache landete vor Devas Füßen.

Jetzt wusste unser Prinz wieder, dass er eigentlich den größten Schatz des Himmels finden und durch das goldene Tor gehen wollte.

Erschrocken bat er den Drachen, ihn zum goldenen Tor zu bringen.

»Nur die reinsten Herzen können das goldene Tor sehen«, sprach der Drache. »Ich kann dich nur auf die zwei höchsten Berge bringen. Von dort aus musst du den Rest des Weges ganz alleine gehen.«

Rasch sprang Deva auf den Drachen und flog mit ihm zu den zwei mächtigen, hohen Bergen am Ende der Welt. Wie froh war er, seinen Weg wiedergefunden zu haben. Als der Drache sich verabschiedete, stand unser Prinz auf dem Gipfel. Keinen Schritt konnte er machen, ohne die steilen Bergwände hinunterzustürzen. Doch er spürte das goldene Tor ganz in der Nähe, sein Herzenslicht wurde so groß und stark wie noch nie zuvor.

Deva schloss die Augen und ... machte einen Schritt. Auf einmal fing er an zu schweben und er glitt immer weiter. Jetzt sah er auch das goldene Himmelstor, das ganz weit offen stand und von Licht durchflutet war.

Die Lichtprinzessin kam ihm in einem Lichtkleid aus Sonnenstrahlen und einer Krone aus Sternenfunken entgegen.

»Viele Menschen suchen nach mir, doch sie glauben nicht, dass meine Lichtboten, die Engel, sie immer begleiten und beschützen. Mit der Zeit vergessen diese Menschen ihr Herzenslicht und dienen den dunklen Mächten. Du bist deinem Herzenslicht gefolgt und hast dich von nichts abschrecken lassen. Du hast deine Angst überwunden, die dunkle Maya besiegt, den Tieren und Menschen geholfen. Auch das große Glück hat dich nicht geblendet, weil du gute Freunde hattest. Und du hast diesen letzten unglaublichen Schritt voller Vertrauen gemacht, um mich zu finden. Jetzt ist dein Herz ganz rein und du darfst mit mir durch das goldene Himmelstor schreiten in die ewige Glückseligkeit.«

Plötzlich leuchteten tausende Sterne in einem Bogen über den zwei höchsten Bergen ganz hell auf und wurden zu einem riesigen Licht, das alles durchflutete. Alles strahlte und funkelte in Weiß, Gold und Silber. Das Licht füllte die ganze Welt aus und es gab keine Dunkelheit mehr.

VIII. WIE KAMEN DIE KÖNIGE AUF DIE ERDE?

Geschichte zum Einschlafen

Vor langer, langer Zeit, als es noch keine Menschen gab, lebten die himmlischen Wesen auf der Erde. Sie waren so voller Liebe und Güte, so voller Freude und Glück, dass sie von innen geleuchtet haben.

Dieses Licht durchflutete alles und brachte alles zum Blühen. Die himmlischen Wesen redeten miteinander in der Sprache des Lichts. Ihre Häuser waren aus Lichtstrahlen und ihre Kleider aus Lichtfunken. Sie kannten keine Dunkelheit, keine Nacht und keinen Tag. Alles war EINS – durch Lichtfäden miteinander verbunden.

Auch ihre Nahrung bestand aus purem Licht und jede Mahlzeit war ein Fest. Sie kamen aus dem Licht und gingen ins Licht. Deshalb hießen sie auch Lichtwesen.

Als die ersten Menschen auf die Erde kamen, wollten sie unbedingt auch so sein und das Geheimnis der Lichtwesen ergründen. So beobachteten sie, wie die Lichtwesen ihr inneres Licht mit dem himmlischen Licht verbanden, sodass auf ihrem Haupt eine Lichtkrone entstand, die den ganzen Planeten im Nu erleuchtete. Da die Menschen aber kein Licht in sich trugen, konnten sie sich nicht mit dem himmlischen Licht verbinden. Die Krone wollten sie aber unbedingt haben. So erschuf einer von ihnen eine Krone aus Gold und schmückte sie mit edelsten Steinen. Sie glänzte und glitzerte zwar, konnte mit den himmlischen Strahlen aber nicht verglichen werden. Die Menschen waren vom Gold geblendet und ließen sich hinters Licht führen. Von diesem Tag an regierte der Mensch mit der goldenen Krone auf dem Kopf über die anderen, die blind an seine besonderen Kräfte glaubten, und nutzte die Macht, um sich noch mehr materiellen Reichtum zu verschaffen. Er stellte sich Gott gleich, versklavte die einen und gab seine Gnade den anderen. Die einen wurden arm, die anderen reich.

Das war das Ende der Einheit, des Glücks und des Friedens. Für die Lichtwesen gab es keinen Platz mehr auf der Erde und sie verließen den Planeten. So wurde es dunkel und die Nacht brach an.

Manche Menschenkinder aber erinnerten sich noch an das wahre himmlische Licht und suchten es in den Sternen oder Edelsteinen. Vergebens erforschten sie diese, da sie nichts außer Materie finden konnten.

Es gab aber auch die außergewöhnlichen Menschen, deren größter Wunsch es war, nach dem inneren Licht zu suchen. Sie bemühten sich stets, ihre innere Dunkelheit zu überwinden, um sich eines Tages mit dem himmlischen Licht verbinden zu können.

Vielleicht bist du auch einer von ihnen?

Glossar

Bhagavadgita (Sanskrit): »Der Gesang des Erhabenen«, »Das Lied Gottes«. Die Gita, wie sie kurz genannt wird, ist ein philosophisches Lehrgedicht, das von vielen Menschen als heilige Schrift betrachtet wird und ihrem Leben als Richtschnur dient.

Brahman (Sanskrit): das Allumfassende, das Universelle, das alles durchdringende, göttliche, namenlose, formlose, ewig absolute, allem innewohnende Prinzip. Brahman ist unzerstörbar, größer als alles, was man groß nennen kann; es lässt sich nicht beschreiben und hat keine relativen Eigenschaften, die ihm zugeordnet werden könnten. Brahman ist das Selbst, das wahre Ich eines Jeden und die höchste nicht-duale Wirklichkeit. Auch wenn Brahman nicht sinnlich erfahren werden kann, so realisiert es sich selbst im absoluten, selbstbezogenen Bewusstsein (Samadhi).

Deva (Sanskrit): göttlich, himmlisch, leuchtend, göttliche Wesenheit, Gott, Gottheit (vergl. Engel), Beifügung zum Namen Erleuchteter. Übersetzung: Die, die göttliches Bewusstsein in sich verwirklicht haben.

Guru (Sanskrit): ein Lehrer geistiger Disziplinen auf dem Weg zur Selbsterkenntnis, insbesondere der spirituelle Meister. Die Tradition unterscheidet vier Guru-Stufen:

- Die Eltern, durch die der Mensch diesen Körper erhält und die ihn in das Leben und seine Probleme einführen.
- Die Lehrer der Schule und Universität, die Handwerksmeister und alle, welche mit der Ausbildung befasst sind.
- Der spirituelle Meister, der den Sinn und Zweck des Lebens erklärt, der den Weg zur Selbstfindung kennt und ihn unter Hinweis auf die Gefahren und Hindernisse, die auftreten können, zeigt. Spirituell bedeutet die Silbe »Gu« Dunkelheit oder Unwissenheit und »ru« steht für die Entfernung, Vernichtung derselben.
- Der kosmische Guru (Avatar), zu dem der spirituelle Meister hinführt und der als göttliche Inkarnation vollkommen ist.

Inkarnation (Latein): Fleischwerdung, Menschwerdung und Verkörperung eines göttlichen Wesens.

Karma (Sanskrit): Tat, Handlung, Aktivität. Karma kann verstanden werden als:

- Eine geistige oder körperliche Handlung.
- Konsequenz einer geistigen oder körperlichen Handlung.
- Die Summe allen Tuns eines Individuums in diesem oder vorangegangenem Leben.
- Die Kette von Ursache und Wirkung in der moralischen Welt.

Das Gesetz des Karmas gehört zu den Fundamenten verschiedener Traditionsströme, die auf indischem Boden entstanden sind, und befindet sich in ähnlicher Form in vielen anderen Religionen, denen es um die ethische Verantwortlichkeit für das Tun geht. In der Kombination mit dem Reinkarnationskonzept versucht es, zu erklären, warum Menschen in unterschiedliche Lebenssituationen kommen. Tatsächlich meint das Karma-Konzept, dass der Mensch die vollständige Verantwortung für sein Tun hat und deshalb auch die Freiheit besitzt, jederzeit einen neuen Weg einzuschlagen. Die spirituelle Entwicklung beinhaltet die Loslösung vom Konzept des Karmas, der Befreite handelt zwar auch, tut dies aber nicht mehr aus individuellen Motiven, sprich Ego, heraus; er ist deshalb durch seine Handlungen nicht mehr gebunden.

Mantra (Sanskrit): »Denkwerkzeug«, Gesang, heiliges Wort oder Gebetsformel. Mit Mantra ist außerdem ein Klang, eine Formel gemeint, die bei richtiger Anwendung die Weiterentwicklung des Bewusstseins bewirkt. Die regelmäßige Wiederholung des Mantras läutert das Denken und führt schließlich bei beständiger Übung zu spiritueller Erfahrung.

Maya (Sanskrit): Täuschung, Illusion. Maya ist die faszinierende, irreführende Täuschung, welche die tatsächlich unwirkliche, bedingte Natur als letztendliche Wirklichkeit erscheinen lässt.

Niyama (Sanskrit): Notwendigkeit, Regel, Versprechen, Gelübde, innere geistige Disziplin, bestehend aus:

- Reinheit
- Zufriedenheit

- spiritueller Praxis
- Studium der heiligen Schriften
- Hingabe an Gott

Prana (Sanskrit): Atem, Lebenskraft; die den Körper durchdringende kosmische Energie, die ihn erhält und am deutlichsten als Atem in Erscheinung tritt.

Pranava (Sanskrit): Bezeichnung für OM, den kosmischen Urklang, die Klangpräsentation Gottes, die Lebensschwingung, die das Universum erfüllt und ohne Anstrengung aus der Stille hervorkommt.

Pratyahara (Sanskrit): Rückzug, Zurückziehen, Vernichtung; das Nach-Innen-Lenken der Aufmerksamkeit, Vertiefung in das eigene innere Bewusstsein. Die Sinne werden von der äußeren, dinglichen Welt abgezogen und auf Gott gerichtet.

Samadhi (Sanskrit): Sammlung, Einheitserfahrung, reines Bewusstsein. Durch Samadhi erwacht die Weisheit, die alles als Erscheinungsform des Göttlichen ansieht. All die verschiedenen Energien, die im Inneren des Menschen wohnen, werden bewusst und können im Dienst des Höchsten verwendet werden.

Die Erfahrung von Samadhi kann als ein Zustand des Geistes beschrieben werden, der frei ist von allen Impulsen und Aktivitäten, in dem vollkommene Ruhe eingetreten ist, in dem der Meditierende einfach nur still bei sich selbst ist und doch sich gleichzeitig bewusst ist. Samadhi tritt ein, wenn man alle Dualität hinter sich lässt, wenn der Meditationsinhalt verschwindet und man sogar sich selbst in seiner körperbezogenen Form vergisst, sich gleichzeitig aber bewusst wahrnimmt. Samadhi ist eine Einheitserfahrung schlechthin und kann von jedem Menschen erlangt werden. Ohne Samadhi ist eine spirituelle Verwirklichung nicht möglich.

Sattva (Sanskrit): Sein, Existenz, Natur, Essenz, Leben, Vitalität, Energie. Sattva beseitigt die Ursachen von Kummer und Sorge, führt den Menschen auf den Pfad echter Freude und wirklichen Glücks. Viele Praktiken auf dem spirituellen Weg dienen dazu, den Grad von Sattva zu erhöhen, z. B. die Auswahl der Nahrungsmittel (Meiden von Fleisch, Alkohol, Tabak, Kaffee etc.).

Swami (Sanskrit): Meister, selbstverwirklichter Meister, Ehrentitel für spirituelle Persönlichkeiten.

Upanischaden (Sanskrit): das Sitzen zu Füßen des Meisters, um die vertrauliche Lehre über die eigentliche Identität des Menschen zu empfangen; Bezeichnung einer Klasse heiliger Schriften.

Veda (Sanskrit): Wissen, spirituelle Erkenntnis; Bezeichnung für die Gesamtheit der ältesten Texte der indischen Literatur, welche nach traditioneller Auffassung nicht von Menschen geschaffen wurden, sondern denen eine ewige Realität zugeschrieben wird. Traditionell werden die Veden als offenbarte Klangschwingungen betrachtet, welche ewig existieren.

Yama (Sanskrit): Zügel, Zügellenker. Yama manifestiert sich im richtigen Handeln und ist eine spirituelle Praxis, welche das Innenleben verwandelt. Sie zeigt sich in fünf Eigenschaften:

- Gewaltlosigkeit
- Wahrhaftigkeit
- Nicht-Stehlen
- Reine Lebensweise
- Nicht-Ergreifen

Die fünf Aspekte von Yama weisen alle auf einen Bewusstseinszustand hin, in dem die Bindung an den Körper und die Sinne aufgegeben worden ist. Alle diese Eigenschaften sollen in Gedanken, Worten und Taten verwirklicht werden.

Yogi (Sanskrit): Jemand, der Yoga praktiziert bzw. darin Vollendung erlangt hat; ein auf Gott ausgerichteter Mensch, der sein ganzes Leben in den Dienst des Höchsten stellt.

Yoga (Sanskrit): Vereinigung, Verbindung, Kontakt. Unter dem Begriff Yoga werden die Traditionen zusammengefasst, welche durch Übungen, Praktiken und Disziplinen den Kontakt zum Selbst oder zu Gott herstellen wollen. Das Yoga im Allgemeinen zielt auf die Umwandlung des Menschen und auf die Reinigung aller Ebenen des Körpers und des Geistes, auf die Entwicklung einer Offenheit hin zur Transzendenz.

Die Autorin

ist seit vielen Jahren als Lehrerin tätig. Sie kennt die Einflüsse und Wechselwirkungen des heutigen Bildungssystems auf die Kinder.

Die Autorin arbeitete mit Kindern aller Altersstufen und verschiedener kultureller und sozialer Herkunft. Sie lernte viele Schulkonzepte und Schularten kennen.

Nach jahrelanger Erforschung und Aneignung von hohem Wissen über das SEIN konnte die Autorin viele entscheidende Veränderungen in allen Bereichen ihres Lebens erfahren und viele Erkenntnisse zum Thema »bewusste Erziehung« gewinnen.

Als Lehrerin und Journalistin hat sie bei ihrer beruflichen Tätigkeit viele Erfahrungswerte und praktische Methoden gesammelt und gründete ein spirituelles Trainings- und Beratungszentrum für Eltern und Lehrer.

Als Ergebnis ihrer Arbeit entstand dieses Buch, das Eltern und Lehrern einen Impuls geben soll, gemeinsam mit Kindern und Schülern eine Bewusstseinsentwicklung zu vollziehen, das spirituelle Wissen zu leben und die eigene, authentische Persönlichkeit zu entfalten.

Mehr Informationen unter:
www.ilona-timmermann.com

Buchempfehlungen:

Schnell-Frisch-Vegetarisch von Ilona Timmermann

Basics für Anfänger, ISBN 978-3-938295-86-1

SOUL FOOD Vegan von Ilona Timmermann

Praktische Rezepte für Körper und Seele, ISBN: 978-3-945833-33-9

MAKE IT HAPPEN! von Frank Timmermann

Der Ausweg aus der Unwissenheit zu göttlichen Gedanken und Verhaltensmustern,
ISBN: 978-3-945833-35-3